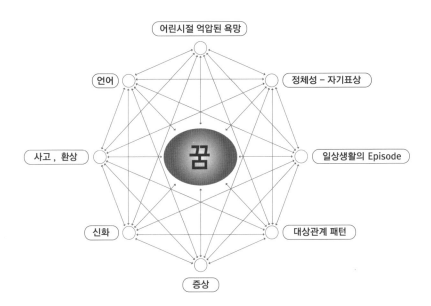

'네 형제의 꿈을 귀담아 들어라' (인디어 속담)

정신분석 · 꿈 해석

1단계 꿈 이해

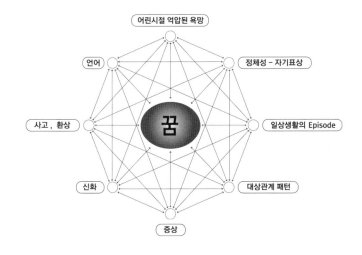

 한국 정신분석 꿈해석 연구소

상담현장에서 "꿈을 꾸지만 기억을 전혀 못 한다", "꿈을 꾸지 않는다"라는 말과
함께 "같은 꿈을 반복적으로 꾼다면 그 이유는 무엇이며 어떤 의미가 있는가?"라
고 질문하는 내담자가 많다. 이 질문에 답하기 위해서는 프로이트의 "꿈 해석" 정
신분석을 활용해야 하며, "꿈을 꾸지 않는 사람은 없다. 단지 꿈을 기억하지 못할
뿐이다"라고 답할 수 있다. 그러나 정신분석과 꿈 해석은 여기에 대해 관심이 있는
사람과 일반인뿐 아니라 상담심리 전공자들도 이해하기 어려워하는 분야이다.

대학원에서 26년간 정신분석과 꿈 해석을 강의하며, 많은 상담 전공자들이 프로
이트의 꿈 해석을 현장에서 활용하고 확장할 수 있도록 어떻게 체계화해야 할지를
두고 고민을 거듭하였다. 그 이후 상담심리치료학 전공 석·박사생들을 대상으로
꿈 해석 초급 과정을 개설하여 진행하며 관련 교재를 펴낼 용기를 낼 수 있었다.

본 꿈 해석 초급 교재의 저술 목적은 매일 밤 우리 정신세계에서 펼쳐지는 다양
한 경험들의 의미를 보다 쉽게 이해하고, 상담현장에서 상담자들이 내담자의 꿈
해석을 통해 자기이해와 전인적 건강, 성숙한 삶 그리고 건강한 미래를 일궈 나가
도록 돕는 데 있다.

본 꿈 해석 초급 교재는 총 6장으로 다음과 같이 구성되어 있다.

1장에서는 수면의 중요성과 렘수면과 비렘수면을 다루었다. 꿈의 이해에 앞서
수면의 중요성을 이해해야만 꿈 분석 전문가 과정을 시작할 수 있기 때문이다.

2장에서는 꿈의 역사를 과학 이전인 종교 시대로 구분하여 설명하며 꿈의 기원을 다루었고, 3장에서는 꿈 학파를 정신분석, 분석 심리학, 개인심리학과 실존주의 관점에서 상세하게 분석했다.

4장에서는 꿈 형성 과정을 야간 감각자극, 주간 감각자극, 억압된 유아의 욕망으로 구분하여 구체적으로 다루었고, 꿈의 해석 과정을 도식화하여 설명하였다.

5장에서는 꿈 작업 과정을 압축, 전치, 형상화, 이차가공으로 구분하고 꿈 해석의 가장 중심 부분을 설명하였다.

6장에서는 프로이트의 꿈 노트를 기반으로 현장에서 꿈 노트를 작성하는 방법을 기술하였다. 이 작성법을 활용한다면 꿈 노트 작성에 누구나 쉽게 접근할 수 있을 것이다.

본 꿈 해석 초급 교재는 한국정신분석 꿈 해석 연구소 연구원들이 땀과 수고를 들여 집필하였으며, 프로이트의 꿈 해석 저서와 정신분석 전문가들의 논문 및 학술지를 중심으로 집필하였음을 밝힌다. 미처 검토하지 못한 부분은 중급, 고급, 심화, 슈퍼비전 단계에서 수정할 계획이며, 향후 더 보완할 수 있으리라 믿는다.

끝으로 본 교재를 출간할 수 있도록 배려해 주신 한국정신분석 꿈 해석 연구소 대표님의 노고에 감사드리며, 꿈 해석 초급 과정 이수자들이 온 세상을 밝히는 데 작게나마 기여할 수 있기를 기대한다.

2024년 1월 겨울,
석수동 연구실에서 대표 저자 신동열 외 연구원들

[목 차]

1. 인간의 수면 ··· **9**

   1) 수면의 중요성 ·· **10**

   2) 렘수면 ··· **12**

   3) 비렘수면 ··· **16**

2. 꿈의 역사 ··· **19**

   1) 역사 속의 꿈 ·· **20**

   2) 동양의 꿈 ·· **21**

   3) 서양의 꿈 ·· **21**

   4) 잠과 꿈 ·· **22**

   5) 꿈의 기원 ·· **23**

3. 꿈 학파 ··· **25**

   1) 정신분석 관점 ·· **26**

   2) 분석심리학 관점 ······································ **35**

   3) 개인심리학 관점 ······································ **38**

   4) 실존주의 관점 ·· **40**

4. 꿈의 형성 과정 ⋯⋯⋯⋯⋯⋯⋯⋯⋯⋯ **45**

1) 야간 감각 자극 ⋯⋯⋯⋯⋯⋯⋯⋯⋯⋯⋯ **47**

2) 주간 잔재 ⋯⋯⋯⋯⋯⋯⋯⋯⋯⋯⋯⋯⋯ **51**

3) 억압된 유아 욕망 ⋯⋯⋯⋯⋯⋯⋯⋯⋯⋯ **59**

4) 꿈 해석 과정의 도식 ⋯⋯⋯⋯⋯⋯⋯⋯ **72**

5. 꿈 작업 ⋯⋯⋯⋯⋯⋯⋯⋯⋯⋯⋯⋯⋯ **79**

1) 압축 ⋯⋯⋯⋯⋯⋯⋯⋯⋯⋯⋯⋯⋯⋯⋯ **80**

2) 전치 ⋯⋯⋯⋯⋯⋯⋯⋯⋯⋯⋯⋯⋯⋯⋯ **85**

3) 형상화 ⋯⋯⋯⋯⋯⋯⋯⋯⋯⋯⋯⋯⋯⋯ **88**

4) 이차가공 ⋯⋯⋯⋯⋯⋯⋯⋯⋯⋯⋯⋯⋯ **96**

6. 꿈 기록 노트 작성법 ⋯⋯⋯⋯⋯⋯⋯ **103**

꿈 기록 노트를 작성하는데 도움이 되는 방법 ⋯⋯⋯⋯ **104**

부록 꿈 기록 노트 / 꿈에 관한 격언 ⋯⋯⋯⋯⋯⋯ **106**

참고 문헌 ⋯⋯⋯⋯⋯⋯⋯⋯⋯⋯⋯⋯⋯⋯ **108**

저자소개 ⋯⋯⋯⋯⋯⋯⋯⋯⋯⋯⋯⋯⋯⋯ **110**

제 **1**장
인간의 수면

1. 인간의 수면

1) 수면의 중요성

생존을 위해 수면은 매우 중요하며, 하루를 살아가기 위해 우리는 자는 동안 신체적인 측면과 정신적인 측면에서 우리 자신을 회복해야 한다. 수면은 체온을 유지하고 에너지를 보존하는 기능을 한다. 면역 기능을 토대로 한 실제 실험 사례를 살펴보면 예방 접종을 한 후에도 항체가 잘 형성되지 않는데, 이때 충분한 수면이 항체 형성을 돕는다. 그리고 수면은 인지적 기능과 기억력과도 매우 밀접한 연관이 있다. 우리가 자는 동안 뇌에서는 필요하지 않은 기억은 버리고 중요한 기억은 남겨서 저장한다. 자는 동안 감정 처리도 이루어진다. 이처럼 수면은 우리가 신체적, 정신적으로 회복하는 데 필수적인 요소이며 우리 삶에서 매우 중요한 역할을 한다.

수면은 자는 동안 빠른 안구 운동이 나타나는 렘수면(REM)과 빠른 안구 운동이 나타나지 않는 비렘수면(NREM)으로 구성된다. 렘수면에서는 꿈을 꾸는데, 렘수면 중에는 몸을 움직일 수 없어 꿈을 꾸는 동안 아무런 행동도 하지 않는다. 렘수면은 전체 수면의 20~25%를 차지하고 비렘수면은 75~80%를 차지한다. 비렘수면은 얕은 수면인 1~2기 수면과 깊은 수면인 3~4기 수면으로 구성된다. 사람마다 필요한 수면 시간에는 개인별로 차이가 있는데, 일반적으로는 성인은 평균 7~8시간이 필요하고 어린이는 9~10시간이 필요한 것으로 알려져 있다. 아침에 일어났을 때 피곤하지 않고, 낮 동안 졸리지 않게 생활할 수 있는 수면 시간이 개인에게 적절한 수면 시간이라고 한다. 자고 일어났을 때 내 몸이 개운하고 기분이 상쾌하면 수면을 잘 취한 것이다.

수면의 역할은 충전, 에너지 보존, 회복, 면역, 기억, 감정 조절과 해소 등이다. 몸이 피곤하고 주간에 졸거나, 기억력 및 집중력이 감소하거나 혹은 감정기복이 심해지거나, 식욕이 증가하여 체중이 늘어나는 경우가 잠이 부족한 경우라고 할 수 있다. 실제로 24시간 이상 수면을 취하지 않으면 몸 상태가 혈중 알코올 농도 0.1%인 상태와 같아진다고 한다. 체르노빌 폭발이나 우주선 챌린저호의 폭발과 같은 대형 참사가 근무자의 수면 부족으로 인한 실수에서 비롯되었다는 것은 잘 알려진 사실이다. 그 외에도 수면 부족은 잦은 교통사고의 원인이 되기도 한다. 수면의 양이 부족하지 않고 충분하다고 생각함에도 자고 일

어나도 개운치 않거나 주간에 졸림증 증상이 있다면, 수면의 질에 문제를 일으키는 수면
장애가 있는지를 반드시 점검해 볼 필요가 있다.

수면 위생 – 잠을 잘 자기 위한 기본 원칙

1. 매일 규칙적인 시간에 잠자리에 들고 일정한 시간에 일어나야 한다.

2. 잠자는 환경이 조용하고 밝지 않아야 하며, 너무 덥거나 춥지 않아야 한다.

3. 매일 규칙적인 운동이 필요하다. 그러나 자기 직전에 지나치게 운동하는 것은
   수면을 방해할 수 있다.

4. 자기 전에 음주와 흡연을 피한다. 술이 수면을 유도한다고 생각할 수도 있지만,
   사실은 수면 후반기에 자주 깨게 하여 수면무호흡증을 악화시킬 수 있다.

5. 카페인이 들어 있는 음료나 음식을 피하는 것이 좋다.

6. 자기 전 따뜻한 물에 하는 샤워나 목욕이 도움이 될 수 있다.

7. 배가 너무 고픈 상태나 과식인 상태는 피해야 한다.

8. 잠자기 전에 시계를 보거나 휴대전화를 자꾸 보는 행동은 잠을 방해하기 쉽다.

9. 잠자리에서 TV를 보거나, 독서를 하거나, 뭔가를 먹는 등 잠을 자기 위한 일이 아닌
   다른 일을 하는 것은 잠을 방해한다. 잠자리에서는 잠자는 것에만 집중한다.

10. 처음부터 잠이 오지 않거나 중간에 깼는데 잠이 오지 않을 경우에는
    차라리 잠자리에서 일어나서 다른 일을 하는 것이 낫다.
    다른 일을 하다가 다시 잠이 오면 그때 잠자리로 돌아간다.

11. 자기 전 밝은 빛에 노출되는 것을 피한다.

수면과 각성은 '수면욕구'와 '생체시계'에 의해 조절된다.

(1) 수면욕구

대부분의 사람은 깨어 있는 시간이 길어질수록 잠을 자고자 하는 욕구를 느낀다. 이러
한 수면욕구는 자동으로 조절되는 '신체항상성'으로 인해 생기는 것으로, 잠을 못 자거나
부족하게 잔 경우에 낮에도 자주 졸리거나 일찍 잠자리에 들게 만든다. 잠을 자면 수면욕
구가 감소하면서 본인이 필요로 하는 만큼 잔 다음부터는 더 이상 졸리지 않게 된다.

(2) 생체시계

수면욕구만이 수면과 각성을 조절하는 요소라면 우리는 밤에 잠을 아예 못 자거나 부족하게 잔 다음 날에는 깨어 있기가 어려울 것이다. 그러나 그 전날 잠을 적게 잤다고 하더라도 낮에는 깨어 있는 경우가 대부분이다. 이는 우리 뇌에 존재하는 '생체시계' 때문인데, 생체시계는 뇌의 시상하부의 '상교차핵'이라는 부분에 존재하며 각성, 즉 우리가 낮에 깨어 있을 수 있도록 돕는다. 그리고 낮에는 깨어 활동하고 밤에는 잠을 잘 자도록 낮과 밤을 결정한다. 흔히 점심을 먹은 뒤 찾아오는 식곤증은 오전 중에 깨어 있는 동안 증가한 수면욕구가 점점 활성화되는 생체시계의 각성 신호보다 일시적으로 강해져서 생기는 현상이다. 그 후에는 다시 생체시계의 각성신호가 더 강해지므로 밤에 자기 직전까지는 그다지 졸리지 않게 된다. 생체시계의 주기에 따라 어떤 사람은 일찍 자고 일찍 일어나는 것을 선호하고, 어떤 사람은 늦게 자고 늦게 일어나는 수면 각성 주기를 가지게 된다. 여기에는 사람마다 약간 차이가 있는데 일부는 초저녁에 잠들고 새벽에 깨거나 새벽에 잠들어 점심 경에 일어나는 것처럼 지나치게 극단적인 수면 각성 주기를 가지게 되어, 정상적인 사회생활을 하기 힘든 경우가 종종 발생한다. 이를 일주기성 수면장애라고 하며 적절한 치료가 필요하다.

2) 렘수면

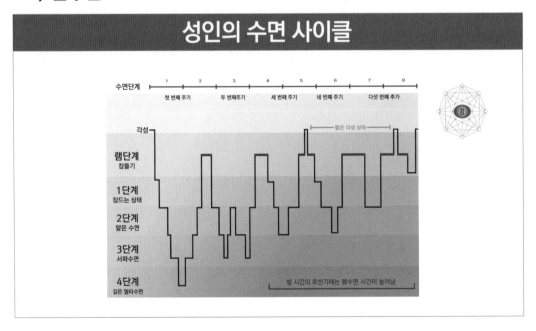

렘수면(REM 睡眠) 또는 급속 안구 운동 수면(REM: Rapid Eye Movement sleep) 또는 '역설적수면(Paradoxical sleep)'은 깨어 있는 것에 가까운 얇은 수면으로, 안구의 빠른 운동에 의해 구분되는 수면의 한 단계이다. 안구가 움직일 때 꿈을 꾸는 경우가 많다. 렘수면은 토닉(tonic)과 페이식(phasic)이라는 두 단계로 구분되며, 이는 1950년 초 시카고대학의 유진 애서린스키(Eugene Aserinsky)와 너새니얼 클라이트먼(Nathaniel Kleitman)이 정의한 것이다.

렘수면은 급속 안구 운동을 포함할 뿐 아니라, 낮은 근간장과 낮은 전압의 뇌전도(EEG: Electro Encephalo Graphy)를 포함한다. 이 특징들은 다원수면도(polysomnogram)에서 쉽게 볼 수 있다. 이 수면 연구는 일반적으로 수면장애가 의심되는 환자를 대상으로 수행된다.

성인의 렘수면은 일반적으로 총 수면의 약 20~25%를 차지한다. 밤 동안 수면 시간에 90~120분 정도로 반복된다. 보통 밤에 수면하는 동안 사람은 흔히 렘수면의 5단계를 경험하는 렘 사이클을 겪는다. 이미 렘수면의 한 단계가 지난 짧은 시간 동안에 많은 동물들과 몇몇 사람은 깨는 경향이 있거나 아주 얇은 잠을 경험하는 경향이 있다. 렘수면의 양은 나이와 관련이 있는데, 갓난아이의 경우 총 수면의 80%가 렘수면이다. 렘수면 동안 뇌의 신경활동은 깨어 있을 때와 상당히 유사하다. 그러나 몸은 이완상태이기 때문에 불수가 된다. 이러한 이유로 렘수면 단계는 역설적 수면(Paradoxical sleep)으로도 불리며, 이는 렘수면을 하는 동안 뇌파가 억제되지 않는 것을 의미한다. 렘수면은 생리적으로 우리가 취하는 수면의 다른 용어와 달리 비렘수면에서도 함께 언급된다. 렘수면 동안에는 꿈이 눈에 보이는 듯이 선명하게 발생한다. 렘수면의 기능은 잘 알려지지 않았으며, 렘수면의 기능에 대한 가설도 몇 가지만이 제기된다.

(1) 기억 관련 가설

한 가지 가설에 따르면, 특정 기억은 렘수면 동안에 통합된다. 한 유명한 연구에서는 렘수면이 절차상의 기억(procedure memory)과 공간의 기억(spatial memory)의 통합에 중요한 역할을 한다고 주장한다. 최근 연구에서는 비렘수면(non-REM)의 인공적인 증가가 기억한 단어의 짝을 맞추는 다음 날의 기억을 향상시키며, 오직 비렘수면을 포함한 낮잠은 절차상의 기억이 아닌 서술의 기억(declarative memory)을 향상시킨다고 주장한다. 그러나 기억에서 렘수면의 기능은 의심의 여지가 없다. 모노아민산화효소(MAO: Monoamine oxidase) 억제와 삼환계 항우울제(Tricyclic antidepressants)는 렘수면을 억제할 수 있다. 그러나 이 약물은 기억 손상의 증거를 제시하지는 못한다. 반면에 어떤 연구는 MAO 억제가 기억을 향상시킨다고 주장한다. 게다가 뇌간의 유산탄 손상 때문에 렘수면이 없었거나 거의 없었던 사람에게서는 기억 약화를 볼 수 없다. 기억 통합에서 렘수면 기능의 내용과 관련하여 아비온 미치슨(Avrion Mitchison)과 프랜시스 크릭(Francis Crick)은 렘수면의 기능이 "소뇌 피질에서 세포의 상호작용으로 희망적이지 않은 상황을 기억에서 지우는 것"이며, 이는 사람에게 내재하는 자연스러운 미덕이라고 주장한다. 결과적으로 이는 더 강하거나 약하게 속삭임, 일시적 '소음'이라는 해체된 기억의 흔적과 관련이 있다.

본래 기능으로서 중추신경계의 자극에서 렘수면의 발생 가설로 알려진 다른 가설에 따르면, 렘수면 단계는 뇌 발달에 특히 더 중요하다. 렘수면이 신경자극을 제공하기 때문이다. 새로 발생한 신경자극이 신경체계를 발달시키기 위해서는 신경연결이 성숙해야 한다. 활동수면 손실(Active sleep deprivation)의 효과에 대한 연구는 어릴 때의 손실은 행동의 문제, 영속적인 수면 붕괴, 뇌 용량의 감소의 결과와 신경세포 죽음의 병적인 양의 결과를 보여준다. 이 이론을 더 지지하는 것은 렘수면의 양에 대한 사실이다. 인간의 렘수면은 다른 종과 마찬가지로 나이가 들면서 점차 줄어든다. 중요한 발생 가설 중 한 가지는 이론적으로 렘수면이 뇌가 성숙하는 필수 기능에 기본적으로 포함되지 않을 것이라는 것이다. 중추신경계의 발달이 완료되어도 뇌에서 진행되는 신경 가소성 과정은 끝나지 않는다. 렘수면은 계속되는 자발적인 자극의 자원으로서 인간의 신경 발생과 연루된다. 렘수면에서 수면 부족의 영향을 다룬 연구에 의하면 수면 부족인 사람이 렘수면에 더 빠르게 진입할 수 있다. 또한, 수면 부족 환자는 수면 부족이 아닌 일반인보다 페이즈 3, 페이즈 4 그리고 렘수면 사이에 더 빨리 이동한다.

(2) 렘수면과 창의성

창의성 형태와 관련한 요소의 새로운 결합은 수면구호(aid)에 유용하거나 몇 가지 요구사항과 만난다. 이 현상은 비렘수면보다 렘수면에서 더 많이 발생하며, 이러한 현상이 일어나는 이유는 기억 과정에서 렘수면 동안 더 많은 변화가 일어나기 때문으로 보인다. 렘수면 동안 아세틸콜린의 높은 수준은 신피질의 해마로부터 피드백을 억제한다. 그리고 신피질의 아세틸콜린과 노르에피네프린의 낮은 수준은 해마의 조절이 없는 신피질 부위 안에서 그와 관련된 활동이 널리 퍼져나가도록 돕는다. 이와 대조적으로 노르에피네프린과 아세틸콜린의 높은 수준은 의식이 깨어날 때 신피질에서 연결이 반복되지 못하게 막는다. 렘수면은 해마가 이전 의미의 재현이나 교점과 관련하여 재해석했을 것으로 보이는 정보 그리고 이와 관련한 '연관성 있는 체계의 재조직을 위한 신피질 구조'에 따라 창의성을 더한다.

(3) 급속 안구 운동의 기능에 관한 가설

주사적 가설에 의하면, 렘수면 안구 운동의 방향성은 몽상에서 인지하는 변화와 관계가 있다. 이 가설의 반대는 배아에서 그리고 태어나 눈을 감고 있어서 시력이 없을 때도 각 안구 운동이 각각 발생한다는 것이다. 또한, 두 눈의 급속 안구 운동은 결합되어 있지 않으므로 초점이 일치하지 않는다고 본다. 이 가설을 지지하는 연구의 목적은 목표지향적 꿈을 찾는 것이다. 안구의 응시는 꿈을 꾸는 사람이 묘사하는 행동을 지향하는 방향성을 지닌다.

(4) 렘수면 결핍과 회복

사람이나 동물을 대상으로 렘수면이 나타날 때마다 강제로 깨워 렘수면을 박탈하는 실험을 수행할 수 있다. 이러한 강제 각성은 일반적인 수면도 동시에 박탈하기 때문에 서파수면을 하는 동안 렘수면을 박탈한 횟수나 시간만큼 통제집단 피험자들에게서도 서파수면을 박탈해야 한다. 비록 초기의 연구들은 렘수면 박탈 효과가 매우 극적인 것으로 보고했지만, 그 후의 연구들은 그 효과가 그렇게 극적이지 않다고 주장한다. 그러나 한 가지 명백한 결과는 렘수면을 박탈당한 사람은 렘을 박탈당한 다음 날 밤에 보다 많은 렘수면을 취함으로써 박탈된 렘수면을 보상받으려 한다는 것이다. 이러한 렘수면 회복 경향은 동물이나 사람 모두에게서 나타난다. 렘수면 박탈이 초래하는 뚜렷한 장기적 효과는 없는 것으로 보인다.

(5) 우울증 환자의 수면과 꿈

렘수면 박탈이 우울증 환자의 성공적인 치료 방법이 될 수 있다는 보고가 있어 주목을 끈다. 렘수면 박탈이 장기적으로 유해한 결과를 가져오지 않기 때문에 렘수면을 박탈함으로써 우울증을 치료하는 방법은 유용할 것으로 기대된다. 정상인과 우울증 환자의 주요한 차이점은 렘수면의 총 시간이 아니라 렘수면의 분포상에서 나타나며, 우울증의 개선 정도와 렘수면의 분포 사이에는 상관관계가 있다. 연구자들은 우울증 환자의 경우 수면주기의 발진자가 손상되거나 약화되어 있기 때문에 렘수면을 박탈하여 이 발진자를 자극하면 우울증을 개선할 수 있다고 주장한다. 연구 결과, 우울증 치료에 효과가 있는 모든 약물이 근본적으로 렘수면 비율을 감소시키지만 전반적인 수면시간은 증가시킨다는 사실이 드러났다. 렘수면이 서파수면보다는 꿈과 더 높은 상관관계가 있다는 발견은 꿈에 관한 연구를 자극했지만, 꿈의 기능에 관해서는 아직도 대부분 잘 알려져 있지 않다. 이런 연구들로부터 몇 가지 새로운 사실이 보고되었다. 예를 들면 긴 꿈이라고 해서 꿈을 꾸는 시간이 실제로 더 긴 것은 아니며, 수면 중 배뇨는 꿈과는 무관하고 오히려 서파수면 동안에 더 자주 나타나며, 수면 중에 일어나 정신없이 걷는 현상도 페이즈 3, 페이즈 4의 수면 단계에서 더 잘 나타난다는 것 등이다. 어린이나 어른들이 가끔 꾸는 악몽도 서파수면 동안에 나타나지만 가위눌림(nightmare)은 렘수면 동안에 나타나는 것이 일반적이다.

3) 비렘수면

비렘수면(Non-REM, NREM, 非-), 또는 렘수면 잠재기(Rem latency)는 렘수면 이전의 수면 상태를 말한다. 수면 잠재기(SOL: Sleep Onset Latency)를 포함하며 전체적으로 1~3단계(1단계, 2단계, 서파수면 단계) 또는 1~4단계(1, 2, 3, 4단계)로 구분한다. 각 단계에서 볼 수 있는 뚜렷한 뇌파 및 기타 특성은 다음과 같다.

렘수면과 달리 일반적으로 비렘수면에서는 눈의 움직임이 거의 또는 전혀 없다. 비렘수면 중에는 꿈을 거의 꾸지 않으며, 렘수면과 달리 근육의 움직임이 억제되지 않는다. 수면 단계를 제대로 거치지 않는 사람들은 비렘수면에 갇히게 되며 근육이 억제되지 않기 때문에 몽유병이 생길 수 있다. 연구에 따르면, 비렘수면 중에 일어나는 정신 활동은 의식적 생각과 비슷한 것으로 간주되는 반면에 렘수면에는 환각과 기괴한 내용이 포함된다. 비렘수면과 렘수면에서 발생하는 정신 활동의 발전 기전은 서로 다르다. 또한, 비렘수면 동안에는 부교감신경이 우세하다고 알려져 있다. 사람의 사고방식은 서파수면을 포함하는 비렘수면 동안 더 조직화된다. 비렘수면과 렘수면 활동 사이에 보고되는 차이는 두 가지 유형의 수면 중에 발생하는 기억 단계의 차이로 인해 발생하는 것으로 보인다. 여러 실험을 통해 급성 및 만성 조현병 환자(일반적으로 비정상적인 안구 운동 수면을 경험하는 사람)의 약 40~50%에서 낮은 수준의 불안정한 3단계 수면(서파수면)이 관찰되는 것으로 나타났다. 서파수면(徐波睡眠, SWS: Slow Wave Sleep)은 수면 기간 중 뇌전도에 서파(slow wave)가 기록되는 기간의 수면 형식이다. 보통 수면이 점점 깊어질 때 뇌파의 주파수는 감소하며 진폭은 커지는데 이때 생체에서는 뇌의 활동 수준 저하, 근육 긴장 저하, 심박수나 호흡수의 감소, 혈압 저하, 대사 저하 등이 관찰된다.

정신분석 · 꿈 해석

1단계 꿈 이해

제**2**장

꿈의 역사

2. 꿈의 역사

1) 역사 속의 꿈

옛날 사람들은 미래에 일어날 일이 꿈을 통해 예언된다고 믿었다. 아일랜드 더블린의 체스터 비티 박물관에 소장된 파피루스에는 고대 이집트의 12대 왕조(기원전 1991-1786년) 때부터 해석한 꿈이 기록되어 있다. 또한, 「일리아드(The Lliad)」에는 아가멤논이 꿈속에서 앞으로 해야 할 일들을 알려주는 제우스의 사자를 맞이하는 내용이 들어 있다. 기원전 5세기경 고대 인도의 「아타르바베다(Atharva-veda)」라는 문서에도 꿈을 통한 예언에 관한 이야기가 등장하고, 아시리아의 고도(古都) 니네베의 유적지 가운데 고대 아시리아 왕국의 마지막 왕 아슈르바니팔(Ashurbanipal, 기원전 668-627년)의 도서관 서판에서도 고대 바빌로니아의 해몽 안내서가 발견되었다고 한다. 이처럼 대부분의 고대 문명권에서는 꿈이 신의 메시지를 담고 있다고 믿었다.

기원전 4000년대 말의 아시리아와 바빌론의 설형문자 서판에는 성직자와 왕이 꿈에서 자카르(Zaqar) 신의 훈계를 받았다고 묘사되어 있다. 고대 유대인들은 꿈 해석 과정에서 꿈을 꾼 이의 생활을 꿈의 내용 못지않게 중시함으로써 현대적인 꿈 이론을 앞서가는 모습을 보여주었다. 바빌론 사람들은 유대인들을 꿈 해석의 전문가로 여겨 존중하였다. 이집트인들은 중왕국(기원전 2040~1786년) 시대에 나름대로 꿈 해석의 체계를 세우고자 많은 노력을 기울였다. 이집트인들의 방법론(체스터 비티 박물관의 파피루스에 기록됨)은 오늘날까지도 꿈 지침서에 널리 언급되고 있는데, 이들은 꿈이 실제와 정반대 의미를 지니고 있다고 보았다. 고대 그리스인은 이집트인의 방법을 폭넓게 차용하여, 꿈의 신탁사원으로 쓰기 위해 300개가 넘는 성소를 지었다. 이들은 성소에 들어간 사람이 잠의 신 히프노스의 최면력에 자신을 맡기면 히프노스가 양 날개로 자신을 향해 부채질을 한다고 믿었다. 이 부채질의 영향으로 얕은 잠에 빠져들면 그 즉시 꿈의 신인 모르페우스와 의사소통하게 되고, 그로부터 훈계와 예언을 전달받는다는 내용이었다. 이러한 성소 중에 상당수는 병치료 센터로서 명성이 높아졌다. 이곳에서 환자들은 의술의 신 아에스쿨라피우스의 방문을 고대하며 잠들었다고 한다.

기원전 5세기경부터 꿈과 그 의미에 관한 생각이 변화함에 따라 신과 초자연적 세계의 비중은 점차 작아졌다. 신비주의적인 경향이 비교적 덜했던 플라톤(Plato, 기원전 424~348년)은 꿈의 근원은 간(肝)이라고 믿었다. 그는 신들이 만드는 꿈이 없는 건 아니지만, 저서인 「국가」에서 언급했듯이 꿈은 대부분 "수면 중에 모습을 드러내는 탈법적이며 야만스러운 야수성"의 산물이라고 주장했다. 한편, 그의 제자 아리스토텔레스(Aristoteles, 기원전 384~322년)는 꿈이 현실의 삶을 표현하며 인간의 감각에 의해 촉발된다고 믿었다. 그러나 이러한 경각심을 일깨우는 주장과 무관하게 일반인 사이에서는 꿈의 예언 능력에 대한 믿음이 널리 퍼져 있었으며, 로마사의 전개에도 큰 영향을 미친 것으로 전해진다. 기원후 150년 달디스의 소피스트 학파 철학자인 아르테미도로스(Artemidoros, ?~?)는 방대한 내용의 「꿈의 해석(Oneirocritica)」이라는 다섯 권짜리 책을 썼다. 이 책은 꿈의 주제를 다룬 최초의 사건이라고 할 수 있다. 이 책에서 그는 꿈을 꾸는 사람의 현실 세계에 꿈의 뿌리가 있으므로 꿈을 해석할 때는 꿈꾸는 사람의 일, 사회적 지위, 신체적·정신적 건강을 두루 고려해야 한다고 보았다. 이러한 규칙은 오늘날에도 통용된다.

2) 동양의 꿈

대체로 동양에서는 꿈의 예언력보다는 꿈을 꾼 이의 마음 상태를 중요하게 생각했는데, 이는 서구의 전통 이상으로 동양의 철학성과 명상성 또한 심오하기 때문이었다. 중국의 현자들은 의식에 여러 층이 있음을 알아차렸으며, 꿈 해석 과정에서 꿈을 꾼 이의 신체 상태와 별자리뿐 아니라 꿈을 꾼 연도와 시(時)까지 고려했다. 이들은 잠자는 동안 의식이 육체를 벗어나 다양한 영적 공간을 여행한다고 믿었다. 따라서 정신과 육체가 재결합하기 전에 갑자기 잠을 깨우면 매우 위험하다고 여기기도 했다. 인도의 예언자들도 의식이 여러 층으로 나뉜다고 믿었기에 깨어 있을 때와 꿈꿀 때, 꿈 없이 잘 때, 사마디(삼매경), 자기 교화에 뒤따르는 황홀경 등 서로 구분되는 층위의 존재를 인정하였다. 힌두교에서도 전통적으로 꿈속의 모든 이미지가 중요하다고 강조하고, 신과 악마의 상징적 특성을 한데 아울러 보다 폭넓은 상징체계와 꿈의 이미지를 연결 지었다.

3) 서양의 꿈

서양에서는 아르테미도로스 이후 여러 세기 동안 꿈 연구에 거의 진전이 없었다. 아르테미도로스가 이미 꿈의 신비를 분명하게 밝혀냈다고 여겼기 때문이다. 반면에 동양의 지식에 영향을 받은 아랍인들은 꿈을 탐구하는 꿈 사전과 수많은 해석서를 계속해서 만들어 냈다. 마호메트(Mahomet)는 꿈에서 예언자로 나서라는 부름을 받고 낮은 신분을 떨치고 일어나 이슬람교를 창시했고, 이후에 그의 꿈은 정통 이슬람교의 중심에 자리하게 되었다. 이와 같이 꿈은 종교가 발달하는 과정에 큰 영향을 미쳤다.

꿈에서 신성한 영감을 받을 수 있다는 믿음은 초기 기독교 시대를 관류했고, 서기 4세기에는 성 크리소스토무스(St. Chrisostomus, 349?~407년), 성 아우구스티누스(St. Augustine, 354~430년), 성 제롬 같은 교부(敎父)들의 가르침 내용의 일부가 되었다. 그러나 정통 기독교에서는 꿈 해석과 예언 문제에 대한 관심이 갈수록 줄어들었다. 도미니크회의 신학자 토마스 아퀴나스(Thomas Aquinas, 1225~1274년)는 "꿈을 완전히 무시하라!"라고 충고함으로써 13세기 정통파의 입장을 요약했다. 16세기에 로마 가톨릭 교회에서 떨어져 나와 기독교 종교개혁의 불을 당긴 마르틴 루터(Martin Luther, 1483~1546년)는 "꿈은 기껏해야 꿈꾼 이에게 그가 지은 죄를 보여줄 뿐"이라고 가르쳤다. 그러나 일반인들의 의식 속에 꿈 해석의 욕구가 워낙 뿌리 깊이 박혀 있었기에 쉽게 접어둘 수 있는 사안이 아니었고, 15세기 이래로 유럽에 인쇄술이 널리 유포되면서 꿈 사전이 급격히 늘었는데 대부분 아르테미도로스의 저술에 기초를 두었다. 이런 서적들의 도움 덕분에 꿈 해석 작업은 예언자와 성직자에게서 일반인의 손으로 넘어가게 되었다. 18세기의 과학적 합리주의자들 역시 "꿈 해석은 원시적인 미신의 형태"라며 꿈을 경시했으나 꿈에 대한 일반인의 관심은 수그러들 기미가 없었고, 더 나아가 꿈은 문학과 예술 분야에서 중요한 주제로 부상하기 시작했다. 19세기에 들어서면서 유럽에서는 요한 고틀리프 피히테(Johann Gottlieb Fichte, 1762~1814년)나 요한 프리드리히 헤르바르트(Johann Friedrich Herbart, 1776~1841년) 같은 철학자조차 꿈이 진지한 심리 연구의 대상으로서 가치가 있다고 주장했다. 이들이 길을 닦아 놓은 결과, 19세기 말에 지그문트 프로이트(Sigmund Freud, 1856~1939년)를 통해 꿈 이론에서 혁명이 발발했다.

4) 잠과 꿈

잠과 꿈은 연결성이 있다. 우리가 잠을 자야 하는 이유는 기억의 파편을 정리하기 위함이다. 우리의 무의식은 하루 종일 오감을 통해서 온갖 정보를 수집하는데, 그중에서 기억해야 할 것들은 극히 일부분이므로 우리에게는 정보를 분류하고 정리할 시간이 필요하다. 그런데 이러한 시간이 바로 잠자는 시간이다. 잠자는 동안 오감이 닫히고 뇌가 휴식기에 들어간다. 그런 다음 뇌는 비렘수면과 렘수면을 반복하면서 기억을 정리하고 저장한다. 꿈은 기억의 파편이다. 그 전날 보고 들은 것, 잊지 못할 추억, 어린 시절의 경험이 한데 섞여 만들어진다. 많은 과학자들은 렘수면 중에 에피소드 기억, 즉 언제 어디서 무엇을 했는지에 관한 기억이 저장되며, 그 과정에서 어쩌다 보니 꿈이 만들어진다고 본다. 책 「스탠퍼드식 최고의 수면법」에서는 잠든 직후의 가장 깊은 비렘수면이 기억의 저장에서 가장 중요하다고 주장한다. 이 책에 따르면 이때 몸의 회복에 필요한 호르몬도 많이 생성되므로 잠든 직후 90분이 가장 중요하다.

5) 꿈의 기원

꿈은 인간의 뇌 활동과 관련이 있다. 수면 중 뇌의 다양한 영역에서 활발하게 일어나는 활동으로 인해 꿈이 발생한다. 꿈은 렘수면 동안 가장 흔히 관찰되며, 렘수면의 특징은 빠른 눈동자 굴림, 신체 근육의 이완 그리고 생생한 꿈이다.

정신분석 · 꿈 해석

1단계 꿈 이해

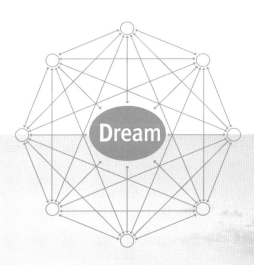

제 **3**장

꿈 학파

3. 꿈 학파

인간은 누구나 꿈을 꾸지만, 꿈의 역할과 의미를 제대로 주목하지는 않는다. 꿈은 논리와는 동떨어진 현상들을 만들어내기 때문에 '개꿈'으로 취급받기도 한다. 하지만 무의식을 창시한 프로이트가 꿈에 대한 이론을 만든 이후로, 다양한 학자들이 현재까지 새롭게 연구 중이다. 특히 최근에는 정신치료와 상담에서 꿈을 활용하는 사례가 늘고 있는데, 예를 들면 자기개방을 용이하게 하거나, 의미 있는 꿈의 탐색을 통해 과거를 수용하기도 하고, 미해결된 트라우마를 해결하거나, 꿈에 내포된 정서를 자각하거나, 꿈 내용의 변화에 따라 치료 효과를 예견하는 것 등이 있다.

"거위는 옥수수 먹는 꿈을 꾼다"라는 외국 속담이 있다. 프로이트는 현실에서 이루지 못하는 소원을 꿈이 이루어준다고 주장했는데, 거위가 꿈에서 배불리 먹고 싶은 소망을 충족하듯 인간은 꿈속에서 다양한 소원을 이루기도 한다. 또한, 충격적인 악몽을 경험한 뒤 현실에 신중하게 접근하기도 하고 미래를 예측하기도 한다. 이렇듯 꿈은 인간의 정신 현상 가운데 하나이며, 꿈을 통해 변화를 꾀하거나 성장을 경험하려 하는 것은 많은 꿈 연구들의 공통점이다.

이번 장에서는 이러한 무의식에 이르는 왕도로서 꿈을 학파별로 어떻게 설명하는지 살펴보고자 한다.

1) 정신분석 관점

정신분석에서 치료의 궁극적인 목표는 무의식을 의식화하는 것이다. 프로이트는 병리적 원인을 탐구하면서 '자기도 모르게' 하는 행동으로 인해 개인의 깊은 내면에 인간 고통의 뿌리가 박혀 있음을 발견하였다. 따라서 무의식에 휘둘려 자기 삶의 주체로 살지 못하는 개인을 인격적으로 성장시키는 것을 중요한 목표로 삼았다. 이러한 무의식의 발견은 현재 인간의 모든 정치, 경제, 사회, 문화 등에서 중요하게 작용하며 법학, 의학, 심리학, 문학, 예술, 생활 미디어 및 광고 등의 학문과 일상생활 영역에서도 다양하게 활용되고 있다. 프로이트에 의하면 인간은 꿈이나 실언, 농담 혹은 증상으로써 개인의 정신현상을 드러내며 이는 무의식의 존재를 알아차리게 하는 대표적인 것들이다.

프로이트는 이 중에서 환자들의 위장되고 숨겨져 있는 꿈 자체를 증상으로 다루고,

1,000개 이상의 꿈을 해석함으로써 신경증 이론을 정립하는 데 크게 기여했다. 그는 또한 신경증 환자뿐 아니라 건강한 사람들의 꿈을 분석하고, 꿈 이론을 정립하기 위해 자신의 꿈을 분석하기에 이르렀다. 프로이트는 자기가 맡은 환자인 이르마가 나온 자신의 꿈을 분석하면서 꿈은 잠들기 전날의 사건과 관련되어 있고, 이를 통해 성취하고자 하는 소원을 갖게 된다는 통찰을 얻게 되었다. 이는 그가 저서 「꿈의 해석」을 집필하게 된 동기가 되기도 했다. 「꿈의 해석」 첫 장은 다음과 같은 문장으로 시작된다.

> "다음에서 나는 꿈을 해석할 수 있는 심리학적 기술이 존재하며, 이 방법을 적용하면 모든 꿈은 깨어 있는 동안의 정신 활동에 포함시킬 수 있는 뜻 깊은 심리적 형성물로 드러난다는 것을 증명하려 한다. 나아가 어떤 과정들 때문에 꿈이 정체를 알 수 없는 생소한 것으로 보이는지 명백하게 밝히고, 그 과정들에 상호 협력하거나 반발하여 꿈을 만들어내는 여러 가지 심리적 힘들의 본성을 귀납적으로 추론할 생각이다." (프로이트, 「꿈의 해석」에서 인용)

이 내용으로 알 수 있는 것은 꿈을 해석할 수 있는 방법이 존재하고, 모든 꿈은 인간이 깨어 있는 동안의 정신활동과 깊이 연관된다는 것이다. 여기에는 압축되고 가공된 꿈의 상징을 해독하고 증명하려는 프로이트의 의지가 반영된 것으로 보인다. 많은 비판에도 불구하고 꿈에 대한 정신분석의 논점은 평소에 의식하지 못한 채 그간 억압하거나 숨겨두었던 무의식적 충동을 꿈속에서 이루어 낸다는 것이다.

이렇듯 꿈에 대한 정신분석 관점은 프로이트로부터 시작하여 현대 정신분석의 토대로 발전해 왔다고 할 수 있다. 대표 학자인 프로이트, 라캉, 코헛, 비온의 관점을 다음에서 좀 더 상세히 살펴본다.

(1) 프로이트(Freud)

프로이트는 인간의 신체가 그러하듯 인간의 정신 활동이나 행동도 우연히 일어나기보다 심리 내적인 원인에 의해 결정된다는 심리적 결정론(psychic determinism)을 주장하였다. 또한, 인간의 정신에는 스스로 인식하여 알 수 있는 의식 외에도, 인식하거나 파악할 수 없고 내용을 확인하기 어려운 심층 내면의 무의식이 존재한다고 보았다. 프로이트는 이러한 무의식이 인간에게 의식에 못지않게 중요한 역할을 하며, 따라서 인간 이해에도 중요하다고 강조하며 무의식에 닿을 수 있는 통로로서 꿈을 연구하였다.

그는 정신분석이론에서 인간의 심리구조를 지형학적 관점(Topographic point of view)과 구조적 관점(Structural point of view)으로 제시하였다. 지형학의 관점에서는 인간 행동을 결정하는 주된 원인으로 작용하는 무의식, 의식적으로 의도하면 쉽게 떠올릴 수 있는 전의식, 지각적 내용인 의식의 세 가지로 인간의 성격 구조를 구분하였다. 그리고 성격 구조(structural theory of personality)는 원초아(id), 자아(ego), 초자아(superego)로 구성되며 이것이 발달하여 심리성적발달 단계로 통합된다고 보았다. 이 과정에서 자아가 실제적 위험을 지각할 때 느끼는 불안을 현실적 불안, 원초아와 자아 간 갈등에서 비롯되는 처벌에 대한 무의식적인 불안을 신경증적 불안, 원초아와 초자아 간 갈등에서 비롯되는 양심에 대한 두려움을 도덕적 불안으로 구분하였다.

정신분석치료에서는 인간의 심리적 문제의 원인을 과거에 억압된 무의식의 갈등과 불안으로 보며, 이를 치료하기 위해 무의식을 의식화하고, 자아를 키워 현실의 원칙을 따르게 하는 것을 치료의 목표로 둔다. 치료를 위한 핵심기법으로는 자유연상(free association), 전이(transference)와 저항(resistance)의 분석, 꿈의 해석이 있다. 가장 먼저 내담자 자신의 생각이나 감정을 자유롭게 떠올리는 데 방해가 되지 않도록 무의식적 소망과 갈등을 파악하는 자유연상을 통해 내담자의 심층에 갇혀 있는 억압된 욕구와 감정의 이해를 도울 수 있다. 이는 꿈 해석에도 동일하게 적용되는데, 꿈은 무의식을 이해하는 중요한 수단이며 잠자는 동안에는 자아의 방어 수준이 낮아져서 억압된 무의식적 자료들을 의식화할 수 있기 때문이다.

자유연상을 할 때 치료자는 내담자에게 의식의 통제를 멈추고 가급적 머릿속에 떠오르는 생각, 느낌, 몸의 감각과 마음속 바람, 기억이나 표상 등을 그대로 표현하도록 요구한다. 이러한 요구를 수용하려면 내면의 두려움이나 수치심, 혹은 죄책감 등의 혼란한 감정과 대면해야 하므로, 내적 갈등과 저항을 극복하고 치료자에게 협력하는 자세가 중요하다. 이렇게 꿈속에 숨어 있는 억압된 욕망이나 내재된 불안을 자유연상 기법으로 찾아낼 수 있다.

인간이 꿈을 꾸는 이유는 긴장을 줄이기 위해서인데, 프로이트에 의하면 꿈은 욕구충족을 목적으로 하기 때문에 긴장을 줄이는 것이 가능하다. 그러나 꿈은 그 의미를 제대로 전달하지 못한다. 꿈이 그대로 표출될 경우 충격이나 두려움을 느낄 수 있어서 왜곡과 검열이 필요하기 때문이다. 프로이트는 꿈이 의식할 수 있는 발현몽(manifest dream), 의식하기 어렵고 원초아의 무의식적인 충동으로 이루어져 꿈 자체의 내용을 이루는 잠재몽(latent dream), 자아와 초자아에게 위협이 되는 충동을 덜 위협적으로 전환하는 꿈 작업(dream work)의 3원구조론으로 구성된다고 보았다. 과학적 방법으로 꿈을 연구한 프로이트는 꿈을 해석하기 위해 다음의 원리를 제시하였다.

첫째, 꿈에는 소원충족이라는 보상적 의미가 있다. 때로는 소원충족에 해당하는 데도 꿈을 꾼 뒤 불쾌감을 나타내는 이유는 꿈에서 소원을 알 수 없도록 위장하기 때문인데, 자아의 검열을 피하기 위해 왜곡된 모습으로 꿈에 등장하는 것이 바로 그것이다. 꿈은 압축(condensation), 전치(displacement), 형상화(symbolization), 이차가공(secondary elaboraton)의 과정을 거친다. 또한, 무의식적 표상이 의식적 표상으로 바뀌는 것에 대해 충동 그 자체가 의식의 대상이 될 수 없기에 꿈에서는 표상만을 분석할 수 있다고 보는데, 그 이유는 표상이 억압되어 있기 때문이다.

둘째, 꿈은 꿈꾼 이의 주간, 야간 잔재를 출처로 한다. 감각기관이 자극받아 일어나는 여러 가지 감각적 인상, 즉 신체적 감각인 갈증이나 배고픔, 통증, 청각으로 느끼는 외부환경 (천둥이나 큰소리 등)이 그것이다. 또한, 어린 시절 억압되었던 이드(Id) 때문에 속에 갇혀 있던 욕구, 잊히지 않는 체험이 꿈의 재료가 되는데 이것은 잠재몽의 내용을 이룬다. 즉, 잠들기 전의 생리적 감각과 외부환경 요인, 그리고 최근 또는 어린 시절의 억압된 욕망이 꿈의 출처로 작용하고, 그 안에서 소원성취를 이루어 낸다. 프로이트는 이 사례를 통해 신경증 환자의 꿈을 해석하고 오이디푸스 콤플렉스에 대한 이론을 정립하였다.

덧붙여 꿈은 다양한 방어기제들의 복합적인 작용을 통해 형성되기 때문에 개인의 방어기제를 이해하는 도구로 활용될 수 있고, 꿈의 해석은 내적인 갈등을 해결하는 역할을 하기도 한다. 그 이유는 꿈속에서의 검열과정이 인간의 실제 사회생활과 유사한 면이 있기 때문인데, 사회화로 인해 자신의 욕구나 감정을 직접적으로 표현하지 못하고 억제하거나 위장하는 것과 연관된다고 할 수 있다. 꿈은 쉽게 망각되고, 꿈꾸는 동안에 약화되었던 방어와 저항이 꿈을 깬 후에는 다시 심리적 검열로 작용하기 때문이다. 이렇듯 망각되거나 압축 및 위장된 꿈은 분석을 통해 재생이 가능하다는 것이 프로이트의 입장이다.

프로이트는 잠재몽의 '꿈 사고'가 발현몽의 '꿈 내용'으로 변화하는 과정을 '꿈 작업'이라고 하였다. 이에 대해 「꿈의 해석」의 국내 역자인 김인자의 해설을 덧붙이면, 꿈은 어떤 식으로든 다른 사물이나 기호 혹은 대체물, 증상 등의 성격을 갖기 때문에 숨겨진 진술 혹은 연상의 고리를 역추적하여 진짜 내용을 얻어낼 수 있다. 따라서 꿈의 의미나 꿈꾸는 사람의 평상시 정신생활은 잠재몽의 꿈 사고에 의해서만 판단할 수 있으므로, 꿈을 해석하는 사람은 발현몽의 내용에만 머물지 말고, 숨겨진 잠재몽의 꿈 사고를 찾아내야 한다.

(2) 라캉(Lacan)

자크 라캉(Jacques Lacan, 1902~1981년)은 프랑스의 정신분석학자로, 2차 세계대전 이후에 위축된 파리에서 정신분석학회를 재구성한 주요인물이다. 그는 1953년 파리의 정신분석학회를 탈퇴한 이후 프로이트 학교를 세우고 대중 세미나를 열어 많은 관심을 받았다. 초현실주의 화가들이나 작가들과 교류하면서 언어학과 문학을 통해 정신분석학을 접하였고, 까다롭고 모호하고 수수께끼 같은 표현을 사용한 것으로 유명하다. 예를 들어 그는 "인간의 욕망은 타자의 욕망이다"로 욕망의 개념을 이해하고자 하였다.

이처럼 그의 이론에서 중요한 개념은 바로 '욕망(desire)'이다. 라캉은 욕구와 요구는 서로 어긋날 수밖에 없는데, 그 이유는 요구를 이용해 인간의 욕구를 완벽하게 변화시키는 것은 불가능하기 때문이라고 주장하였다. 이때 욕구와 요구의 차이에서 발생하는 것이 바로 욕망이다. 또한, 라캉은 프로이트 이론을 언어 기호적으로 재해석했다. 그는 인간을 인간답게 하는 것이 언어적 인간의 특성이라며 상징계(언어로 구조화된 체계 속 문화 등의 영역)를 설명하였고, 무의식의 구조도 언어와 비슷하다고 보았다. 그에 따르면 무의식은 언어가 실패하거나 균열이 생길 때 드러난다. 예를 들어 환자가 말을 머뭇거리거나 더듬거릴 때 말을 실패하고 마는 파롤(parole)이 발생하는데 무의식은 바로 이 순간에 드러난다.

꿈에 대한 라캉의 입장은 주체는 자신이 말하는 것을 알지 못하며, 주체가 정신적 현실로부터 참된 현실로 전환할 수 있게 해주는 것은 꿈뿐만이 아니라 주관적 경험들도 같은 역할을 한다고 보았다. 그는 꿈의 기능이 잠을 연장하는 것이라고 여겼고, 삶이 한 편의 꿈이라고 할 만큼 욕망으로 집약된 인간의 현실을 중요시했다. 따라서 분석을 통해 무엇을 성취할 것인가를 중요하게 다루었다. 무엇보다 라캉은 특별한 기표이자 중심적 상징으로서 남근에 가장 높은 가치를 부여했다는 점에서 매우 남성 우월적인 특성을 지녔다고 볼 수 있다. 그는 프로이트의 회귀를 주장할 만큼 1900년대 초기 프로이트의 개념들을 복원하는 데 앞장 서 페미니즘의 반발을 사기도 했다.

라캉에게 꿈은 언어적 사고가 이미지로 환원되는 것이며, 꿈 해석은 형상화된 이미지를 다시 상징으로 바꾸는 과정이다. 따라서 이미지로 표현된 꿈 내용의 기저에 있는 꿈 사고를 분석하여 상징계를 인식한다. 예를 들어 라캉은 프로이트가 분석한 꿈인 '이르마의 꿈'에서 프로이트가 검사를 위해 여성 환자인 이르마의 입을 벌려 반점을 발견하는 장면을 두고 "여성의 입에서 부터 성기관 모든 것이 이것의 이미지와 혼합되고 연관되어" 있기 때문에 프로이트가 본 이미지는 자신의 성적 불안감을 일깨우고 있는 것이라고 해석하였다.

또한, 라캉은 자신의 꿈을 스스로 분석하기도 했다. 그는 방문에서 실제로 난 노크 소리를 꿈의 재료로 사용하였는데, 잠을 깨우려는 것에 대항하여 실제 사건으로부터 가져온 꿈의 재료로 만들어낸 환상이 꿈 내용으로 형성된다고 주장했다. 즉, 꿈을 통해 잠에서 깨지 않고도 꿈을 꾸게 만든 현실에 가까이 접근할 수 있기에 인간에게 몽유병적 활동이 있는 것이라고 하였다. 따라서 꿈과 깨어남 사이에서 인간은 오로지 깨어나지 않으려는 이유로 꿈을 꾸며, 이를 통해 자신의 욕망을 현실화한다고 보았다. 라캉은 이를 두고 '실제로 반복되는 것은 항상 우연'이며, '삶은 한 편의 꿈'이라고 표현하였다.

(3) 코헛(Kohut)

정신분석학은 자아심리학(ego psychology), 대상관계이론(object relations theory), 자기심리학(self psychology) 등으로 이론을 확대 및 수정하며 현대 정신분석학으로 발전해 왔다. 이 중 자기심리학을 주장한 하인즈 코헛(Heinz Kohut)은 프로이트의 이론을 기반으로 하되, 정신병리의 핵심을 이드(Id)가 아닌 자기 결핍(defective self)으로 보았다. 자기 결핍이란 발달 과정에서 부모의 공감적 보살핌의 부족이나 실패로 인해 자기애에 심각한 외상을 입어 과대 자기나 이상화된 부모원상을 발달시키는 것을 말한다. 따라서 심리치료 시 치료자가 공감기법을 통해 자기애적 상처를 입은 환자를 대상으로 파편화된 자기를 회복할 수 있도록 도울 수 있다는 주장이다.

코헛은 꿈꾸는 자의 정신구조에 따라 꿈 작업이 달라진다고 보았다. 구체적으로 부모원상을 내재화하지 못해 초자아를 형성하지 못한 사람들은 꿈속에서 주로 파편화된 자기

상태를 그대로 드러낸다. 따라서 발현몽만을 장황하게 연상할 뿐 잠재적 꿈 사고에 이르지 못하는데, 이는 발현몽에 이미 자기 상태가 드러나 위장되지 않은 형태로 나타나기 때문이다. 따라서 그는 꿈이 프로이트가 주장한 발현몽, 잠재몽, 꿈 작업의 3원구조론이 아닌, 잠재몽과 이것이 상징화로 드러난 발현몽의 2원구조론으로 구성된다고 하였으며, 꿈의 해석 또한 다음 그림과 같이 달라져야 한다고 주장하였다.

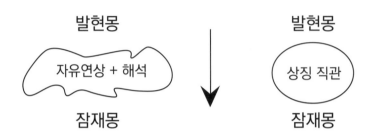

3원구조론(좌)과 2원구조론(우)의 꿈 해석 구조(이창재, 2007)

Havron(2019)이 코헛의 이론으로 기술한 꿈 사례에 의하면 자기애적 성격장애를 가진 환자는 자기 보존을 위한 꿈, 자아 진화를 위한 꿈, 자기의 현실 속 상태에 대한 꿈을 꾸는데 그 내용은 다음과 같다.

젊은 20대 여성인 안나는 다섯 형제(언니 세 명, 남동생 두 명)의 맏이인 동시에 치료사였다. 꿈에서 놀이공원을 걷던 그녀는 어둡고 무서운 분위기에서 롤러코스터를 타고 있었다. 어느 순간 여동생이 홀로 남겨졌다는 사실을 깨달았는데 죄책감이 들어 조금 불편하긴 했지만 미안하지는 않았다. 안나는 관람차를 타는 동안 게임에서 승리하면 테디베어를 상품으로 받을 수 있었는데, 첫 번째로 도착하여 승리하자 관람차의 꼭대기에 앉아 성취감을 느꼈다고 하였다. 그녀는 자신이 놀이기구들을 탄 사실과 자신이 어른이고 성공했다는 사실에 만족감을 느꼈다고 밝혔다. 치료자는 안나의 꿈을 다음과 같이 해석하였다.

만일 프로이트 방식을 적용한다면 안나는 자매에 대한 불편한 감정인 죄책감이 명백하므로 이를 잠재몽에 무의식으로 숨겨두었어야 했지만, 사실 이 꿈은 여동생이란 짐을 짊어지지 않아도 된다는 희망적인 생각을 표현한 것이었다. 안나가 어렸을 때 아버지는 형제 모두를 데리고 놀이공원에 종종 놀러 가곤 했는데, 관람차 탑승은 가족 중에서도 큰 형제들에게만 주어지는 선물이었다. 따라서 이 꿈은 관람차를 탈 수 있을 만큼 키가 크고 나이가 많은 '선택받은 사람'에 대한 것이었다. 또한, 안나가 롤러코스터와 관람차를 타면서 다른 사람들을 이기고, 자신의 여동생이 뒤처지는 것을 즐기는 것처럼 보였다고 분석하였다. 이는 안나의 꿈을 해석하는 데는 프로이트의 꿈 작업과 같은 '전문 통역사'가 필요하지 않음을 보여준다.

코헛은 이처럼 무의식을 드러내지 않고 꿈을 인식하는 것을 '자기-상태의 꿈(self-state dreams)'이라고 명명하였다. 그는 자기애적 성격장애자의 영혼이 꿈에서 자기를 보존하기 위해 작용하여 실제로 자기가 해체될 위험을 줄여준다고 하였다. 이를 통해 자기-상태의 꿈이 통제할 수 없는 긴장이 증가하거나 자기가 해체되는 꿈을 꾸는 자의 심리적 위험을 다루려는 시도에서 나왔음을 알 수 있다.

(4) 비온(Bion)

윌프레드 비온(Wilfred Ruprecht Bion, 1897~1979년)은 정신과 의사로서 1962년에 영국 정신분석학회의 회장을 맡을 만큼 정신분석 임상활동에 크게 공헌했다. 특히 인간의 집단행위에서 집단의 퇴행인 상징적이고 언어적인 의사소통의 역량을 파괴하는 행동양식을 발견하였는데, 이로써 집단 안에서 개인들이 신경증적인 행동의 양상을 보인다고 한 프로이트의 견해를 뒤집었다. 그는 오히려 집단 안에서 정신증적 행동 양상이 나타난다고 보았으며, 또한 집단 안에서는 언어적 의사소통을 합리적으로 사용하는 대신 비언어적 교류가 보편화된다고 하였다.

비온은 클라인 학파의 개념인 투사적 동일시 개념을 활용하여 정신증적인 사고를 이해하려 했다. 그는 치료자와 환자 사이의 상호작용 연구를 통해 담아주는 자(container)로서 치료자와 담기는 자(contained)로서 환자의 역할을 중요시했는데, 치료자는 환자의 무의식적인 불안을 내포하고 있는 의사소통을 직감적으로 이해하고, 이를 덜 불안하게 변형해 주어야 한다고 강조하였다. 그가 정신분석에서 목표로 하는 것은 바로 '진실을 추구하는 것'인데, 환자는 치료자의 솔직한 담아주기와 의사소통을 변형하여 돌려주는 교류를 통해 상담 밖에서 경험하지 못한 '진실한 관계'를 경험할 수 있다. 비온은 이것을 바로 치료적 행위로 보았다.

비온은 이러한 변형이 알파요소(alphaelement)와 베타요소(beta element)로 작용한다고 하였다. 개인의 감각적 정보들은 알파기능에 의해 경험으로 수용되어 심리적인 요소로 적절하게 변형된다. 그런데 자아가 감각적이고 정서적인 경험의 영향을 수용할 수 있게 돕는 베타요소가 알파기능에 접근하는 것이 거부되고 방어기제인 투사적 동일시에 사용되면, 심리적 변형이 이루어지지 못한다. 따라서 치료자가 담아주는(contain) 환경에서는 고통이 '견딜 만한 고통'으로 바뀔 수 있다는 비온의 주장은 설득력이 있다. 그에게 심리치료의 주목적은 치료자와 환자의 진실 추구를 통한 정신적 변형과 성장을 이루는 데 있기 때문이다.

사고의 기능을 강조하는 비온은 꿈을 다룰 때도 '깨어 있는 꿈 사고(waking dream thought)'를 중요하게 여긴다. 그는 꿈꾸는 것은 '무의식적이고 깨어있는 꿈꾸기'이며, 사고와 감정과 존재를 위한 필수요소라고 하였다. 이러한 꿈꾸기는 심리치료에서 알파기능과 같은 역할을 한다. 개인의 정신증은 본인의 꿈에도 심각하게 손상된 상태로 나타나는데, 건강한 사람의 꿈은 내재화가 가능하지만 정신증 환자는 꿈꾸는 능력을 내재화하지 못한다.

김홍근(2016)에 따르면, 정신증을 치료하기 위해서는 모든 감각적인 자극들을 처리하여 부호화하고 기호화해야 하기 때문에 꿈꾸는 것이 필요하다. 이를 통해 내면의 정서와 접촉해야 하는데 정신증 환자에게는 이러한 능력이 없다. 따라서 꿈을 분석하는 것은 정신증 환자에게 자신의 내면을 직면하는 용기 있는 행동이 된다. 프로이트는 꿈의 기능이 소원충족을 통해 긴장을 줄이는 것이라고 했지만, 비온은 긴장을 줄이는 것이 아닌 조절과 통합으로 꿈의 역할을 바라본다.

다음은 꿈에 대한 비온의 주요 개념이다.

- 꿈꾸기는 밤뿐만 아니라 낮에도 이루어진다.
- 꿈은 진실 추구라는 가치를 지닌다.
- 정신증은 꿈꾸는 기능이 심각하게 손상된 상태를 의미한다.
- 꿈은 무의식 체계로부터 의식 체계를 보호하는 개념이다.
- 꿈 해석이 지니는 특별한 가치는 꿈의 신화적 기능을 회복하는 데 있다
  (분석가의 해석으로 이야기를 통해 재조정하는 기능).

2) 분석심리학 관점

칼 융(Carl Gustav Jung, 1875~1961년)은 인간의 정신구조가 타고난 자신의 전체성을 일생을 통해 분화 및 통합해 간다고 하였다. 정신의 수준은 의식(conscious)과 무의식(unconscious)으로 나뉘는데, 융은 이를 좀 더 세분화하여 개인무의식(personal unconscious)과 집단무의식(colletive unconscious)으로 구분하였다. 그의 이론은 분석심리학(analytical psychology)으로 명명되며 정신의 두 측면에서 의식과 무의식 간의 관계를 밝히는 데 주안점을 두고 있다.

우선 정신적 태도와 정신적 기능이 상호 조합하여 의식을 형성하는데, 정신적 태도는 정신에너지의 방향을 외향성과 내향성으로 구분하고, 정신적 기능은 주관적 세계와 외부의 세계를 어떻게 인식하느냐에 따라 감각과 직관으로, 어떻게 결정하느냐에 따라 감정과 사고로 구분된다. 융은 이와 같은 의식의 조합 양상(combination type)에 따라 개인의 기본적인 성격이 달라지며, 이와 관련하여 심리유형을 여덟 가지로 결정할 수 있다고 하였다. 이렇듯 융의 심리유형론은 심리유형에 질서정연하고 일관된 경향이 있다는 믿음에서 출발하였다.

다음으로 '집단무의식'을 구성하는 요소인 원형(archetype)은 세대를 통해 반복된 경험이 축적된 것이며 꿈이나 신화, 종교, 예술 등에 '상징'으로 표현된다. 이러한 원형에는 페르소나(persona), 그림자(shadow), 아니마(anima), 아니무스(animus)와 개인 성격을 통합하는 원형적 에너지로서의 자기(self)가 있다. 융에 의하면 자기는 중년의 시기에 나타나며 자신에 대해 정확한 지각, 미래 계획, 목표를 수반한다. 그는 개인이 분화와 통합을 통해 자기를 발달시키는 과정을 개성화(individuation)라고 명명하고, 구체적으로 자신에 대해 인식하고, 성격적인 특성들 간에 균형을 이루며, 자아를 통합하고 자기를 표현할 때 개성화가 가능해진다고 하였다.

분석심리학에서 신경증이란 개성화 혹은 자기실현을 향한 성장이 멈추는 심각한 질환이며, 치료의 궁극적 목표는 무의식적으로 작동하는 정신의 원리를 의식화하고 개성화의 과정을 촉진하는 것이다. 이를 위해서는 자신에 대한 무지에서 벗어나 자기 자신을 철저히 이해하고, 맹목적인 충동에 휩싸이게 두지 않고 이성의 힘으로 다스려 자아기능을 강화해야 한다.

융은 프로이트와 달리 리비도에 성에너지 외에도 삶의 에너지를 포함하여 프로이트의 개념을 확장했다. 그는 정신에너지의 세 가지 원리를 제안하였는데 바로 대립 원리, 등가 원리, 균형 원리이다. 먼저 신체에너지 내의 힘은 대립하거나 양극성으로 갈등을 야기하기 때문에 갈등 자체가 없으면 에너지도 없고 인생도 없다는 것이 대립 원리이다. 등가 원리는 에너지 보존 원칙을 정신 기능에 적용한 것으로, 에너지가 상실되지 않고 성격의 또 다른 영역으로 전환된다는 내용이다. 마지막으로 균형 원리는 정신이 열역학 원리가 적용되는 성격 내 균형이나 평형 경향성을 띠기 때문에 욕망은 강한 것에서 약한 것으로 흘러 균형을 이룬다는 원리이다.

정신분석과 분석심리에서 무의식을 바라보는 가장 큰 차이는 억압의 관점으로 볼 것이냐, 자기실현의 관점으로 바라볼 것이냐로 구분할 수 있다. 융은 프로이트의 무의식 개념을 더욱 확장하였으나 그 입장은 다르다. 그는 무의식이 성적 충동뿐 아니라 인간의 여러 가지 정신적 요소로 이루어져 있으며, 의식은 무의식의 내용과 깊이 연결되어 있다는 입장이다.

"내 인생은 스스로를 실현한 무의식의 역사이다."라고 말한 융이 바라보는 무의식의 특징은 다음과 같다.

첫째, 무의식은 자율성(die Autonomie des Unbewusstsein)을 지닌다. 이는 의식의 통제를 받지 않는 창조적 에너지로, 무의식은 의식에 미래의 기능적이고 창조적인 특징을 공급하는 역할을 한다.

둘째, 무의식은 목적성(der Zwecksinn des Unbewusstsein)을 지닌다. 무의식은 정신의 전체성을 회복하고 치유하려는 데 목적이 있다.

셋째, 무의식은 의식과의 관계에서 상호 대상적 상호작용 기능(kompensatorische Funktion)을 한다. 의식이 외향적이라면 무의식은 내향적 성격을 띠는 보상관계를 이룬다.

넷째, 무의식은 개인무의식(das persoenliche Unebwusste)과 집단무의식(das kollektive Unbewusste)으로 이루어진다. 집단무의식은 인간의 선천적이고 원초적인 행동유형의 축적으로서 모든 인류가 보편적으로 소유한 정신의 속성이며, 개인무의식은 누적된 개인적 경험의 결과로서 자극을 가하면 쉽게 떠올릴 수 있고 프로이트의 전의식과 유사한 의미이다. 융이 볼 때 꿈은 무의식을 반영하기 때문에 개인무의식과 집단무의식 모두가 꿈에 반영된다.

따라서 꿈에 대한 정신분석과 분석심리학의 관점에도 차이가 있는데, 프로이트가 꿈을 현실에서 이루지 못하고 억압했던 무의식적인 욕구충족을 위한 수단으로 본 반면에, 융은 꿈을 이 꿈이 나를 어디로 끌고 갈 것인가 하는 전체성의 통합을 위한 정신작용으로 보았다. 또한, 인간은 자신의 정신이 지금 어떤 상태에 있는지를 스스로 표현하기 위해서 꿈을 꾼다고 하였다. 융은 프로이트와 다르게 인간의 무의식에는 자기조절 기능이 있어서 언제나 인간의 정신을 통합하고자 하는 기본적인 사상이 있다고 보았다. 융에게 꿈이란 인간의 다른 정신작용과 마찬가지로 인간의 성장과 완전성의 실현을 위한 내적 충동의 표현이다.

융의 꿈 해석이 프로이트와 다른 점 또 한 가지는 확충법(amplification)이라는 분석방법을 사용하는 것이다. 확충법은 꿈의 이미지에 대한 개인적 연상, 즉 개인적 무의식뿐 아니라 신화나 종교, 문화 등 인류의 보편적인 연상에 전반적으로 걸친 결합을 통해 집단 무의식의 개념 속에 나타나는 정당성을 밝히는 방법이다. 이는 융이 환자의 공상을 분석하는 과정에서 만들어 낸 분석법으로, 특정한 이미지나 언어요소에 관한 전문 분야의 지식을 필요로 한다. 가령 인류학, 고고학, 문학, 예술 등 종교나 문화에 대한 많은 정보와 참고자료를 활용한 분석이 필요하기 때문에 분석가의 지식이 중요한 역할을 한다는 것이 단점이다. 그러나 꿈에 대해서 더 많이 연상할 수 있도록 자극받음으로써 풍부한 상징적 의미를 탐구할 수 있다는 장점도 있다.

분석심리학에서 바라보는 꿈의 본질은 정신의 전체성을 유지하는 것이며, 이를 위해 꿈은 의식 상태의 보상기능(compensatory function)을 하는 것을 목적으로 한다. 이부영(1998)은 이를 좀 더 세분화하면서 꿈이 예시적인 꿈, 외상적인 꿈, 텔레파시적인 꿈, 경고적인 꿈으로 나타나 사건에 대비하도록 돕거나, 정신구조가 지나치게 발달하지 않고 균형을 유지하도록 돕는다고 하였다.

현재 융 학파에서 꿈을 분석하는 방식은 다음과 같다.

– 무의식이 나타나도록 의식의 문지방을 낮춘다.
– 무의식의 내용을 꿈과 미래에 대한 전망과 환상 등으로 떠올린다.
– 의식을 통해서 무의식의 내용을 알게 한다.
– 그 내용에 다시 의미에 대한 연구, 설명, 해석 및 이해를 덧붙인다.

- 개인의 일반적인 심리상태와 그것이 지닌 의미를 통합한다.

- 이렇게 발견한 의미를 연결하여 전개한다.

- 이 모든 과정이 유기적으로 밀접하게 연결되면서, 본능에 의해 획득한
  완전한 지식이 된다.

3) 개인심리학 관점

알프레드 아들러(Alfred Adler, 1870~1937년)는 개인이 열등감을 어떻게 바라보느냐에 따라 긍정적인 심리 건강에 이르기도 하고, 신경증의 일종인 열등감 콤플렉스에 빠지기도 한다고 하였다. 그는 열등감 콤플렉스의 원인을 기관 열등감(inferior physical organs), 부모의 과잉보호(parental overindulgence), 부모의 양육태만(parental negligence)에 두었다. 아들러는 개인의 생활양식(Life style)을 중요하게 여겼으며, 이는 가족환경의 영향과 무관하지 않다는 믿음에서 출발하였다.

생활양식은 삶의 목적뿐 아니라 전략이나 가치와 태도에 영향을 미쳐, 삶의 목표를 이루기 위한 방향을 잡는 데 결정적으로 작용한다. 목표의 긍정적인 방향은 사회적 관심으로서 타인과 더불어 지향하는 것이며, 부정적 방향은 개인적인 우월성을 좇아 권력이나 허세 등의 이기적인 목표를 추구하는 것이다. 아들러는 인간의 행동이 과거의 경험에 의해 좌우되지 않고 오히려 미래에 대한 기대에 의해 좌우되기 때문에 현재의 열등감을 어떻게 극복하느냐가 더욱 중요하다고 보았다. 따라서 개인은 열등감을 극복하여 행복한 생활양식을 가질 수도 있고 심리적 건강을 달성하며 스스로의 노력으로 자기완성을 이룰 수도 있다.

아들러는 정신역동 학파 중에서도 꿈의 중요성을 덜 강조하였다. 그는 꿈과 관련한 이론을 폭넓게 발전시키지는 못했지만, 심리치료에서 꿈은 개인이 자기 삶의 목표를 이루는 데 자기강화 역할을 한다고 밝혔다. 프로이트가 꿈을 무의식으로 가는 왕도로 본 것에 비해 아들러는 꿈을 깨어 있는 의식이나 동기와 더욱 밀접하게 보았다. 그에게 꿈은 특히 개인의 과거가 아니라 미래 상황을 예상하고 준비하려는 노력이다.

또한, 아들러는 꿈이 현재의 관심이나 기분을 투사하여 개인의 문제를 표면으로 드러내기 때문에 치료의 방향을 제시하는 중요한 역할을 한다고 하였다. 따라서 꿈꾼 사람 본인이 이해하지 못하는 꿈을 타인이 이해하기는 힘들다고 보았다. 이는 개인에게 스스로

변화할 수 있는 능력이 있다고 믿은 아들러의 철학이 그대로 반영된 것이다. 개인 심리치료에서 꿈은 생활양식을 탐구하는 자원이자 꿈꾸는 사람의 사적 논리를 보여주기 때문에 꿈꾸는 사람의 행동을 해석할 필요가 있다. 따라서 꿈의 내용과 꿈꾸는 과정은 개인이 삶에서 무엇을 목적으로 행동하는지를 시사한다. 꿈 또한 개인의 생활양식인 삶의 태도와 방향을 드러내기 때문이다.

꿈을 통해 개인이 현재 생활에서 접하는 여러 문제와 개인의 사고를 알 수 있고, 현재의 문제해결에 도움이 되는 방향으로 해결책을 찾을 수 있다. 또한, 아들러에게 꿈은 개인의 문제를 쉽게 해결하려는 시도라는 점에서 미래 상황에 대비하는 의미 있는 연습이 되기도 한다. 아들러 심리학의 실천자인 Brid에 따르면 아들러의 꿈 작업은 꿈꾼 이의 현재 상황을 이해하도록 돕는다. 또한, 꿈꾼 이 자신이 변화를 원하는지, 변화할 준비가 되었는지에 대한 여부를 다루고 실제로 가능한 행동의 선택을 검토하도록 돕는다. 이와 같이 아들러의 꿈 이론은 프로이트의 이론만큼이나 특징적이다. 프로이트가 의식과 무의식을 서로 모순되는 것으로 보고 꿈에는 일상의 사고법칙과 모순되는 독특한 자기만의 법칙이 있다고 한 데 비해, 아들러는 꿈이란 일상의 사고와 같으며 성적인 배경 대신 각성했을 때나 꿈속에서나 인간의 성격은 늘 동일하다고 하였다. 그러므로 아들러에 따르면, 꿈은 꿈이 불러일으키는 감정 속에 내재하며 감정을 북돋우기 위한 수단이나 도구에 지나지 않는다.

아들러는 낮보다 현실감이 떨어지긴 하지만 꿈속에서도 우리는 현실과 접촉하기 때문에, 만약 현실에서 여러 가지 문제로 고민하고 있다면 잠을 자면서도 여전히 고민한다고 보았다. 그는 수면 중에도 외부와 계속 접촉하는 예로 수면 중에 침대에서 떨어지지 않도록 몸을 뒤척인다든지, 시끄러운 소음 속에서도 잘 자던 어머니가 아이의 조그만 움직임에도 잠에서 깨는 것을 들었다. 아들러는 꿈이 개인의 생활양식을 지지하며 그에 적합한 감정을 요구한다고 보았다. 그는 또한 꿈을 생활양식과 동일한 것으로 보고, 꿈을 잘 꾸는 사람과 꿈을 잘 꾸지 않는 사람을 분류하였다. 과학을 믿고 혼란을 좋아하지 않는 사람은 논리 중심의 메말라 있는 사고자로 꿈을 잘 꾸지 않으며, 상식에서 떨어져 있거나 사회적 관심에서 멀어진 사람들은 꿈을 자주 꾼다고 하였다. 이는 아들러가 보기에 모든 꿈은 자기도취적이며 자기최면적이라는 것을 의미한다.

4) 실존주의 관점

프리츠 펄스(Fritz Perls, 1893~1970년)는 다양한 실존철학과 동양사상 및 정신분석 치료이론 등의 영향을 받아 환경 접촉에 대한 알아차림 및 지금-여기에 대한 인식을 중요시하는 게슈탈트 심리치료 이론을 창시하였다. 개체가 게슈탈트를 형성한다는 것은 현재 순간에 가장 중요시하는 욕구와 감정을 전경으로 떠올리는 것을 말한다. 따라서 게슈탈트 치료에서는 환자의 언어적 표현과 비언어적 표현, 그리고 감정과 행동과 사고에서의 모순을 스스로 자각하도록 도움으로써 자기 경험의 일부가 아닌 전체와 접촉할 수 있게 하는 체험적 접근 방식을 사용한다.

펄스는 단지 알아차림만으로도 치료효과가 나타날 수 있다고 강조하면서, 현재의 급한 욕구가 전경(figure)으로 떠오르면 다른 욕구들은 배경(ground)으로 밀려나기 때문에 욕구가 해결되며 유기체는 자기조절을 경험할 수 있다고 하였다. 하지만 심리장애 상태에서는 오히려 자연스러운 욕구의 해결이 아닌 자기조작(self-manipulation) 혹은 환경통제(environment-control)가 일어나 자연스러운 자기조절의 경험을 오히려 방해한다고 보았다. 게슈탈트 형성이 가능하다는 것은 전경과 배경이 뚜렷하게 구분되고, 유기체가 현재의 욕구를 알아차린다는 뜻이다.

따라서 게슈탈트 기법에서 치료의 목표는 유기체로 하여금 체험을 통해 자신이 경험하거나 행동하는 것을 자각하도록 하고, 지금 이 순간에 에너지를 쏟으며 자신의 행동을 선택 및 책임질 수 있게 하며, 자신의 감정이나 사고 및 신체를 하나의 전체로서 통합하여 제대로 기능하도록 하는 것이다. 이를 위한 상담기법은 자신을 더 잘 알아차리고, 내적인 갈등을 충분히 경험하면서 미해결된 과제들을 해결할 수 있게 돕는 것들이다. 예를 들어 억압된 감정을 표출할 수 있게 돕는 '빈의자 기법', 평소 행동과 반대로 행동하면서 억압되고 통제된 부분을 알아차리게 돕는 '반대로 행동하기 기법', 불쾌하고 힘든 감정에서 도망치지 않고 그 감정에 머물며 체험하기를 요구하는 '감정에 머물기 기법', 자신의 모순적이며 불일치한 측면을 표출하거나 자신이 회피하는 방법을 밝히는 '꿈 작업(dream-work)' 등이 있다.

게슈탈트 기법에서는 개체가 외부로 투사한 자신의 에너지나 감정이 꿈에서 가장 잘 나타나므로, 꿈을 통해 투사된 자아의 부분을 볼 수 있으며 이를 다시 통합하는 작업이 이루어져야 한다. 게슈탈트 기법에서 꿈은 접촉경계의 혼란스러운 행동이며, 게슈탈트 기법에서는 정신병이나 신경증을 현실감각이 상실된 허구의 세계(mind-fucking)에 갇힌 것으로 보기 때문에 이를 변형(transform)함으로써 타인이나 사물에 투사된 자신의 에너지를 도로 찾아오는 것이 가능해진다. 정신분석에서 꿈이 분석과 연상을 사용해 무의식적 의미에 이르는 것과는 달리, 펄스는 이러한 꿈 작업이 지적인 게임에 불과하기 때문에 오히려 유기체의 현실과 만나는 것이 방해를 받는다고 보았다. 그래서 꿈에 대해(about) 이야기하지 말고, 꿈이 되어야(become) 한다고 보았다. 즉, 꿈의 일부가 되어봄으로써 자신의 부분들을 다시 자기 것으로 만드는 것이다. 게슈탈트 이론에서는 꿈속의 부분들을 합하면 전체를 이룰 수 있다.

또한, 최근에 꾼 꿈이든 과거에 꾼 꿈이든 모두가 현재에 의미가 있는 내용이기 때문에 아주 사소한 내용들까지도 차례로 다루어야 한다. 그리고 매일 잠들기 전에 꿈을 기억할 것이라고 큰 소리로 반복한 뒤 머리맡에 종이와 연필을 두고 잔다. 이렇게 꿈 일지를 작성하고 이를 모아서 재검토하는데, 이때 어떤 상황인지, 어떤 사람이 자주 나타나는지, 어떤 이미지나 소리 혹은 색깔, 냄새인지에 주목한다.

펄스가 체계화한 또 다른 꿈 작업의 기술은 융의 '적극적 상상'을 확장한 것이다. 예를 들어 게슈탈트 기법의 하나인 상전과 하인의 대화에서는 꿈에 들어 있는 두 가지 소재 사이의 대화를 하게 되는데, 요소들 가운데 한 가지는 성격 가운데 억압, 무시, 과소평가 된 것들로써 활용되지 않았던 부분인 하인을 나타내 줄 것이다. 그것은 자신이 두려워했거나 회피해왔던 자신의 일부이며 초자아이다. 하인은 자신의 견해를 표현하고 당신의 의식 생활에서 당신이 차지할 수 있는 정당한 지위를 주장하도록 한다. 그리고 그 대화는 전에는 갈등관계에 있던 성격의 두 부분이 서로 협조적인 합의에 이르도록 마무리 지어야 한다. 아래에 게슈탈트 학파의 꿈 작업 기법 중 '꿈을 삶에 되돌려 놓는 기법'을 재구성하여 열거했다. 이는 마치 지금-여기에서 일어나는 것처럼 꿈을 재생하고 현재에서 실연하는 것이며 단계는 다음과 같다.

- 꿈의 내용을 말할 때는 현재 시제를 사용하여 큰 소리로 말한다.
- 꿈의 내용을 말할 때의 느낌과 감정을 알아차린다. 예를 들어 꿈속에 등장한 사람이나 동물, 색상이나 기분 등을 글로 써서 작성하고 내용물을 확인하면서 과정을 관찰하고 개입한다.
- 각각의 부분이 말하고자 하는 것이 무엇인지, 자신이 그것에 대해 무엇을 말하고자

하는지를 상황으로 재연한다.

- 특히 등장인물을 기억하지 못할 때, 등장하지 않는 부분은 자신의 소외된 부분일 수 있기 때문에 중요하게 다룬다. 예를 들어 "누구와 동일시하고 싶은가?"라고 물어본 후 천천히 접근하는 것이 좋다.
- 현재에서 꿈을 새롭게 연출하거나 완성한다.

이 외에도 이영이(2013)의 게슈탈트 예술치료에서 등장하는 꿈 작업을 소개한다.

- 1단계(안내) - 꿈 작업을 소개한다.
- 2단계(생산) - 매체(그림 등)를 활용하여 꿈을 재생 및 표현한다.
- 3단계(통합) - 2단계에서 얻은 경험을 나누고 감정과 욕구의 변화를 알아차리며 의미를 통합한다.
- 4단계(신정향) - 앞 단계를 거치며 깨달은 바를 상담과 현실에서 어떻게 적용하고 공고화할 수 있는지를 다룬다.

※ 학파별 관점 요약

학파	관점	역할과 기능	특성
정신분석	인과론적 꿈	- 소원충족, 보상적 의미 - 욕구를 충족하기 위한 수단 - 방어기제의 복합적 과정을 통해 형성됨 - 내적 갈등 해결을 위함 - 자아가 약해진 틈을 이용해 무의식이 드러남	- 발현몽 → 꿈 작업 → 잠재몽 - 위장 : 압축, 전치, 연극화, 상징화, 2차 가공 과정을 거침 - 꿈 출처 : 주간, 야간 잔재, 감각자극 - 꿈 재료 : 최근과 어린 시절의 억압된 욕망 - 자유연상법 예시 : 원숭이 → 빨간 엉덩이 → 사과 → 맛있음 → 바나나 → 길다 → 기차 → 빠르다 → 비행기 → 높다 → 백두산
분석심리학	목적론적 꿈	- 전체성의 통합을 위함 - 자기조절 기능 - 예언적(동시성): 꿈꾼 이가 앞으로 어떻게 될 것인지 예시 - 보상적 : 의식상태를 보상하기 위함 - 균형적 : 정신기능에 대한 균형을 유지 위함 - 꿈은 내용을 감추지 않고, 오히려 가르쳐 줌 - 정신이 지금 어느 상태에 있는지 알려줌	- 예시적 꿈 : 감각이 혼돈되었을 때 사실 파악을 위해 - 외상적 꿈: 감정적 충격을 없애기 위해 - 텔레파시적 꿈 : 사랑하는 사람의 죽음 등 - 경고적 꿈 : 사고 위험에 대비 - 상징 - 확충법 예시: 원숭이 : – 빨간 엉덩이 – 유인원 / – 바나나 – 동물원 / – 타잔 – 긴 꼬리 / – 영장류 – 텀블링 몽키 …
개인심리학	목적론적 꿈	- 사적 논리 반영 - 가치관, 신념이 나타남(일상적 사고) - 개인의 문제, 감정, 인식이 모두 드러남(삶의 태도와 방향) - 미래 상황을 예상하고 준비하게 함 - 꿈의 내용과 과정은 개인이 삶에서 무엇을 하는지 보여줌	- 현재의 관심이나 기분을 투사 - 생활양식을 탐구하는 자원 - 꿈꾼 이의 행동을 꿈을 통해 해석 - 현재 문제의 해결책을 찾을 수 있음 - 변화할 준비가 되었는지 행동의 선택을 검토 - 개인의 성격이 꿈에 동일하게 나타남 - 감정을 북돋우기 위한 수단과 도구 - 꿈속에서도 현실과 접촉 - 꿈을 잘 꾸지 않는 사람 : 논리적이고 감정이 메마른 사람 - 꿈을 잘 꾸는 사람 : 상식이나 사회적 관심에서 멀어진 사람
실존주의	지금 – 여기에서 경험하는 현상	- 접촉 경계의 혼란스러운 행동 - 꿈 분석은 지적인 게임이며, 꿈의 일부가 되어야 함 - 특히 억압되고 무시되고 과소평가된 나의 부분들을 통합할 필요가 있음	- 꿈은 자신의 에너지나 감정을 외부에 투사한 것으로, 투사한 자아의 부분을 꿈을 통해 볼 수 있음 - 꿈을 큰 소리로 말하고 재검토 - 이것은 무슨 꿈인가? - 어떤 등장인물이 주로 나타나는가? - 꿈속의 감각에 집중 - 꿈속 부분들의 상황 재연 - 꿈을 새롭게 연출 및 완성

제**4**장

꿈의 형성과정

4. 꿈의 형성 과정

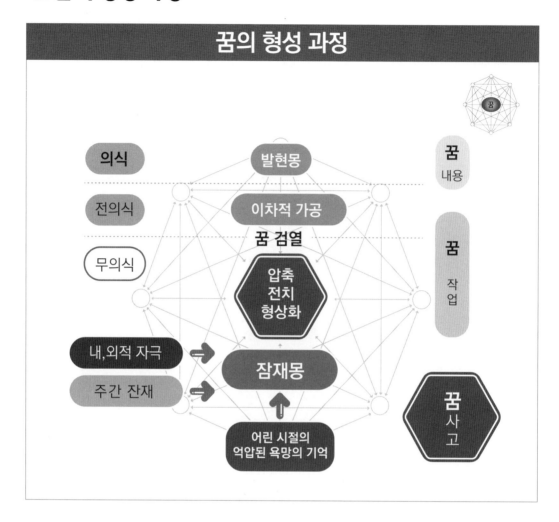

인간에게 꿈은 무의식을 알아가는 소중한 길이다. 프로이트는 꿈을 해석하면서 잠재몽을 발현몽으로 변환하는 의식적인 심리 작동을 꿈 작업(dream work)이라고 하였다(최영민, 2010). 발현몽(manifest dream)은 꿈을 꾼 이후에 꿈꾼 사람이 기억하는 내용으로 이루어지며, 기억나지 않는 무의식 속에 있는 생각이나 소망들은 잠재몽(latent dream)이라고 한다. 꿈은 무의식적인 소원과 욕구를 표출하기 때문에 인간의 욕구, 소원, 사고를 찾아내는 데 무엇보다도 중요한 수단이다. 그러므로 꿈을 해석할 때는 평소에 영향을 주는 요소들을 연결하여 해석하는 것이 좋다. 잠재몽에 영향을 주는 요소들로는 야간 감각자극(nocturnal sensory stimuli), 주간 잔재(day residues), 억압된 유아 욕망(repressed infantile drives) 등을 들 수 있다(심수명, 2019).

1) 야간 감각자극

(1) 꿈의 야간 감각자극의 출처

프로이트는 꿈을 '분석을 통해 도달할 수 있는 감정적이고 지적인 관념 연상의 대처물'로 정의하였다(Freud, 1895). 그러나 그러한 관념들이 어떤 과정을 거쳐 꿈으로 태어나는지 아직 정확히 알려져 있지 않다. 확실한 것은 꿈을 오직 물질적인 현상으로만 보는 것은 잘못이라는 사실이다. 꿈을 물질적인 현상으로 보는 것은 잠자는 동안에도 계속되는 뇌세포의 활동에서 기인하는 것으로 심리에서는 별로 중요하지 않다.

꿈의 내용은 그것이 대체하는 갖가지 관념보다 훨씬 짧다. 꿈의 분석이 우리에게 가르쳐준 바에 따르면 꿈을 야기하는 것은 그 전날 저녁의 하찮은 상황이다. 자기 전, 갈증, 배고픔, 통증, 배변 충동 등의 다양한 야간 감각자극들은 꿈에 영향을 줄 수 있다. 어떤 사람이 잠을 자면서 갈증 때문에 수면에 방해를 받으면, 꿈속에서 잠자리에서 일어나 부엌으로 가서 물을 마시고 다시 침실로 돌아오는 꿈을 꿀 수 있다. 그 사람은 이런 꿈을 꿈으로써 갈증 때문에 깨지 않고 잠든 상태를 유지할 수 있다. 저녁 때 음식을 짜게 먹은 사람은 자면서 한밤중에 갈증을 느끼고 꿈에서 물을 벌컥벌컥 마신다. 그러면 갈증이 나서 물을 마시고 싶은 소원과 더불어 수면욕도 성취된다.

거의 모든 꿈이 수면욕을 충족시키며, 꿈은 수면의 방해꾼이 아니라 파수꾼이다. 늦은 밤까지 깨어 있는 사람은 다음 날 아침 출근 시간이 가까워져도 더 자고 싶어 한다. 그 시간에 그는 꿈속에서 세수를 하면서 더 자고 싶다는 소원을 성취한다. 아침잠에 푹 빠진 의대생은 일어나야 할 시간에 자신이 병실 침대에 누워 있고 머리맡에 자신의 명찰이 붙어 있는 꿈을 꾼다. 이렇게 욕구를 충족하는 꿈들은 신체적 자극인 갈증, 배설욕, 배고픔에서 비롯된 소원을 성취하는 꿈으로 신체적 욕구와 수면욕의 타협물이다. 갈증을 충족하려면 잠에서 완전히 깨어 물을 마셔야 하지만 잠에서 깨고 싶지는 않다. 이때 꿈을 꿈으로써 두 가지 욕구를 동시에 충족할 수 있다. 꿈에서 물을 마심으로써 환각적으로 갈증해소라는 소원을 성취하는 동시에 렘수면 상태의 얕은 잠이지만 수면욕도 충족한다. 꿈에서는 두 욕구가 조금씩 양보해서 동시에 충족된다. 여행 도중 며칠간 굶주린 사람은 진수성찬에 둘러싸인 꿈을 꾸며, 신장 기능 이상으로 금식을 해야 하는 할머니는 점심식사에 초대받는 꿈을 꾼다. 군대의 단조롭고 단순한 식사가 불만족스러운 사병들은 풍부하고 다채로운 음식의 꿈을 끝없이 꾼다. 대체로 생존과 관련된 신체적 욕구충족을 위한 꿈에는 이처럼 소원성취가 왜곡 없이 직접적으로 드러난다(이경희, 2020). 물론 단 하나의 꿈을 분석하고 여기에서 일반적인 결론을 도출해서는 안 된다. 프로이트는 꿈의 내용을 잇는 끈을 자름으로써 각각 분리하는 것부터 시작했다. 그런 다음 각각의 요소로부터 출발하여 일어나는 관념 연상을 따라갔다. 그는 이러한 방식으로 일련의 생각과 기억을 얻어냈고, 그것들이 정신적인 삶의 중요한 산물이라는 것을 알아차렸다. 이처럼 꿈의 분석에 의해 드러난 재료는 꿈 자체와 밀접한 관련이 있지만, 꿈 내용에 대한 간단한 검사로는 이러한 사실을 발견할 수 없다. 꿈은 지리멸렬하고 이해할 수 없으며 감정도 없다. 오히려 꿈의 배경으로 떠올린 관념으로부터 근거 있는 감정이 강렬하게 일어난다. 이 관념들은 완벽한 논리로 연결되어 있고 관념 연상에서 중요한 이미지들은 다른 것들보다 더 빈번하게 반복된다.

꿈의 잠재적 사고가 발현 내용으로 변형되는 것은 완전히 이해할 수 있는 표현형식에서 조직적인 작업을 통해서만 인식에 도달할 수 있는 다른 표현형식으로 넘어가는 방식이다. 꿈의 잠재 내용과 그것의 발현 내용 사이의 관계를 고려할 때 꿈은 세 개의 범주로 나뉜다. 첫 번째는 의식적인 심리생활에서 직접 빌려온 것처럼 보이는 명확하고 합리적인 꿈이다. 이 꿈은 자주 일어나지만, 상상력을 자극하는 놀라운 것을 포함하지 않기 때문에 흥미를 끌지 못한다. 꿈이라는 사실을 지체 없이 알 수 있으며 꿈속의 것을 각성 상태의 산물과 결코 혼동하지 않는다. 두 번째는 의미가 분명하고 조리가 정연하며 우리를 몹시 놀라게 하는 꿈이다. 우리 마음속의 어떤 것도 그러한 꿈이 야기하는 걱정을 설명하지 못한다. 세 번째는 조리도 의미도 없는 꿈이다. 이 꿈은 지리멸렬하고 애매하고 불합리하며, 대부분의 꿈이 여기에 속한다. 꿈의 잠재 내용과 발현 내용 사이의 대립은 두 번째와 특히 세 번째 범주의 꿈에 대해서만 중요성을 띤다는 결론을 내릴 수 있으며, 이러한 꿈들에서 마주치는 수수께끼만이 발현 내용을 잠재 내용으로 대체함으로써 둘 사이의 대립을 해결할 수 있다.

(2) 꿈에서 야간 감각자극이 필수적인가?

막연하고 이해할 수 없는 꿈 내용과 그에 대한 잠재적 사고를 이어가면서 느끼는 저항 사이에는 은밀하고 필연적인 관계가 존재한다. 단순한 첫 번째 범주에 속하는 꿈의 발현 내용과 잠재 내용이 일치하면 꿈 작업이 없는 것처럼 보인다. 그러한 꿈에 대한 검토는 다른 관점에서 이점이 있으며, 일관성 있고 늘 명확하다는 점에서 어린아이의 꿈이 이러한 유형에 속한다. 또한, 이는 꿈을 뇌의 부분적인 활동으로 연결해서는 안 된다는 또 하나의 증거가 될 수 있다. 잠자는 동안에 심리 기능이 축소된다면 이는 어른에게만 적용되고 어린아이에게는 적용되지 않는 것일까? 어린아이의 심리과정은 지극히 간단하기 때문에 그에 대한 연구는 성인의 심리 연구를 위한 준비 과정이 될 수 있다. 몇몇 어린아이의 꿈을 예로 들어 살펴보자.

"19개월 된 여자아이가 아침에 토해서 하루 동안 단식을 했다. 하녀의 말에 따르면 딸기가 원인이었다. 단식한 날 밤, 여자아이는 꿈속에서 자신의 이름을 부르면서 "딸기... 버터빵... 죽..."이라고 잠꼬대를 했다. 이 아이는 음식을 먹는 꿈을 꾼 것이 분명했다. 즉, 여자아이는 자신에게 금지된 먹을 것을 꿈에서 메뉴로 보고 있었다.

마찬가지로 20개월 된 남자아이가 먹는 것이 금지된 성찬의 꿈을 꾸었다. 아이는 전날 밤 하나밖에 먹을 수 없는 버찌를 삼촌에게 한 바구니 드리는 꿈을 꾼 것이 분명했다. 아침에 일어나자마자, 홀린 듯이 "헤르만 삼촌이 모든 버찌를 먹어 치웠어."라고 말했기 때문이다. 세 살하고도 3개월 된 꼬마 소녀가 배를 타고 산책을 했다. 소녀가 생각하기에 그 산책은 아주 짧았기 때문에 배에서 내리면서 아쉬워서 울었다. 그다음 날 잠에서 깬 소녀는 밤새도록 호수를 항해했다고 이야기했다. 짧게 끝난 소풍을 꿈에서 계속 이어서 한 것이다.

다섯 살하고도 3개월 된 남자아이가 다흐슈타인 부근을 산책하다가 마치 기분이 상한 것처럼, 새로운 산에 오를 때마다 여기가 디흐슈타인이냐고 물었다. 결국 아이는 다른 사람들과 함께 폭포에 가는 것을 거부했다. 단지 피곤한 탓에 그랬을 거라고 여겼던 사람들은 다음 날이 되어서야 아이가 왜 그런 태도를 보였는지 비로소 이해할 수 있었다. 아이는 잠에서 깨자마자 다흐슈타인에 오르는 꿈을 꾸었다고 말했다. 이 사실로 미루어 보아 아이는 산책의 목표가 다흐슈타이에 오르는 거라고 믿었는데, 가도 가도 산이 보이지 않으니까 불만을 느꼈고 그 이후에 꿈을 통해 그날의 실망을 보충했음을 알 수 있다.

아버지와 함께 산책하다가 시간이 늦어서 목표 지점까지 가지 못하고 돌아 온 여섯 살 소녀의 예도 마찬가지였다. 아이는 돌아오는 길에 아버지에게 다른 지명이 적힌 이정표를 가리켰고, 아버지는 아이에게 다음번에는 거기에 데려가겠다고 약속했다. 그다음 날 아침, 아이는 아버지와 함께 두 장소를 모두 산책하는 꿈을 꾸었다고 이야기했다."
(프로이트의 「꿈의 해석」에서 인용)

어린아이의 꿈은 '욕망의 실현(Wunscherfüllung, wish-fulfilments. désirsréalisés)'이라는 한 가지 점에서 공통적이다. 어린아이들은 꿈에서 공통적으로 그 전날에 충족하지 못한 욕망을 실현한다. 어린아이의 꿈 중에서 이해할 수 없는 것도 있지만, 욕망을 실현하는 것에 지나지 않는다.

"네 살가량 된 소녀가 소아마비 때문에 시골에서 도시로 보내졌다. 숙모 집에는 아이가 없었기 때문에, 소녀는 키에 맞지 않는 큰 침대에서 하룻밤을 보내야 했다. 다음 날 아침, 소녀는 누울 자리가 없을 만큼 침대가 작아지는 꿈을 꾸었다고 말했다. 이 꿈의 수수께끼도 욕망의 실현으로 쉽게 설명할 수 있다. 무엇보다도 어린아이만 꾸는 꿈이 하나 있다. 바로 키가 크는 것이다. 그런데 불쾌하게도 이 소녀에게 침대의 크기가 소녀의 왜소함을 상기시켰다. 그래서 소녀는 꿈에서나마 그러한 창피한 상황을 서둘러 고친 것이다. 오히려 그녀가 너무 커져서 큰 침대조차 그녀에게 맞지 않도록 말이다. 복잡하고 세련된 어린아이의 꿈일지라도, 그것은 항상 욕망의 충족으로 환원된다.

여덟 살 된 소년이 디오메데스(Diomedes)가 모는 마차를 타고 아킬레스(Achilles)에게 가는 꿈을 꾸었다. 소년이 그 전날 그리스의 영웅 신화에 푹 빠져 있었던 것으로 미루어볼 때, 그 두 영웅에 고무되어 소년은 그들과 같은 시대에 살지 않은 것을 유감스럽게 여겼던 것이 분명하다." (프로이트, 「꿈의 해석」에서 인용)

이러한 꿈은 어린아이가 꾸는 꿈의 두 번째 특징을 보여준다. 어린아이의 꿈은 일상생활과 직접적인 관계가 있다. 보통 어린아이의 꿈에서 실현되는 소원은 전날로부터 아주 강렬한 감정과 함께 이월된 것이다. 사실 어린아이는 자신의 마음에 무의미하거나 무관한 것은 결코 꿈꾸지 않는다. 어른에게도 그러한 유형의 꿈은 많다. 그러나 앞서 언급했듯이, 그 꿈들은 거의 언제나 아주 간단하고 명료하다. 많은 사람이 자면서 목이 마르면 물을 마시는 꿈을 꾸는데, 사람들은 이런 식으로 욕망을 잠시 물리친 뒤 계속 잠을 잔다. 이러한 꿈은 '편의적인 꿈(dream of convenience)'으로 부를 수 있으며, 대개 자던 사람이 잠에서 깨기 직전에 일어나야겠다고 예감할 때 꾼다. 그래서 이미 일어나서 화장을 하거나, 학교나 사무실 등 가야 할 장소에 이미 도착해 있는 꿈을 꾼다. 마찬가지로 여행을 가기 전날 밤에도 목적지에 이미 도착한 꿈을 꾸는 경우가 많다. 연극을 보러 가기 전이나 친구들을 만나기 전에도 꿈을 통해 앞으로 있을 기쁨을 미리 내다보는 경우가 종종 있다.

꿈에서 욕망의 실현은 가끔 간접적으로 표현된다. 따라서 잠자는 사람의 진짜 생각을 밝히기 위해서는 그 사슬에서 빠진 연결고리를 이어주어야 한다. 이것이 꿈 해석의 첫걸음이다. 극단적인 상황에서는 어린아이의 꿈과 같은 꿈이 자주 나타난다. 예를 들어 극지 탐험대장의 말에 따르면, 빙원에서 겨울을 나는 동안 늘 적은 양의 똑같은 식사만 반복해야 했던 부하들이 어린아이처럼 매일 밤 푸짐한 식사와 산더미 같은 담배에 난로의 즐거움을 곁들이는 꿈을 꾸었다고 한다.

비교적 길고 복잡하고 대체로 막연한 꿈속에도 누가 봐도 욕망의 실현임을 알 수 있는 명확한 부분이 있는 경우가 있다. 그러나 이것은 대개 이해할 수 없는 다른 재료와 밀접한 관련을 맺고 있다. 아주 '분명해(durchsichtigen)' 보이는 어른의 꿈을 자세히 분석해 보면, 놀랍게도 어린아이의 꿈처럼 단순하지 않을뿐더러 분명해 보이는 욕망의 실현 뒤에 불가사의한 의미를 숨기고 있음이 드러난다. 꿈의 수수께끼를 만족스럽게 해결할 수 있는 가장 간단한 방법은 분석을 통해 무의미하고 애매한 어른의 꿈 유형을 어린아이의 꿈 유형으로 환원하는 것이다. 즉, 그 전날에 강렬하게 느꼈던 욕망의 실현으로 되돌리는 것이다. 그러나 적어도 겉으로는 이런 결과를 기대하기 힘들다. 어른의 꿈은 거의 항상 불합리하고 잡다한 재료들로 가득 차 있으며, 욕망의 실현 흔적이 전혀 눈에 띄지 않기 때문이다.

2) 주간 잔재

(1) 꿈의 주간 잔재의 출처

주간 잔재는 전날 혹은 그날 있었던 일 때문에 마음 한구석에 찌꺼기처럼 남아 있는 생각과 감정을 말한다. 주간 잔재는 그 내용 자체로는 별로 중요하지 않지만 표현을 위장하는 수단으로 사용된다. 이를 확대하여 생활환경 혹은 인생 상황을 잠재몽 내용에 포함하기도 한다. 아리스토텔레스에 따르면, 꿈은 수면 중에서도 계속 이어지는 '생각'이다. 인간은 생각을 통해 낮에는 판단하고 추론하며 반박하는 등의 심리적 행위를 하면서도 왜 밤에는 소망을 충족하는 일밖에는 하지 못하는 것일까? 혹시 근심 같은 종류의 심리적 행위를 드러내는 꿈이 있음에도 불구하고 그것을 간과했던 것은 아닐까? 혹시 깨어 있을 때부터 계속 이어진 사고를 소망충족의 결과로 오인한 것은 아닐까? 그러므로 이 문제를 상세하게 검토할 필요가 있다. 꿈은 소망충족과 관련해 두 부류로 나뉜다. 바로 소망충족으로 명백하게 드러난 꿈들과 온갖 수단을 동원해 소망충족을 은폐한 꿈들이다. 후자의 은폐된 꿈들에서 검열의 기능이 작동하고 있음을 인식할 수 있다. 왜곡되지 않은 소망충족의 꿈은 주로 어린아이들에게서 나타나지만 성인들 역시 짧고 솔직한 소망충족의 꿈을 꾸는 것처럼 보인다. 꿈속의 소망이 어디에서 연유한 것인지 생각해 볼 필요가 있는데, 여기에는 세 가지 가능성이 있다.

첫째, 외부 사정 때문에 낮의 소망이 충족되지 못했을 경우, 그 소망의 해결은 자연스레 꿈의 세계로 넘어간다.

둘째, 낮의 소망이 배척되었을 경우 소망은 억압된 상태로 남아 있게 된다.

셋째, 낮의 생활과 관계없는 소망이 있을 수 있다. 이 소망은 밤이 되어야 비로소 억압에서 풀려나 활기를 띤다.

첫 번째 종류의 소망은 전의식 조직에 배열된다. 두 번째 종류의 소망은 전의식 조직에서 밀려나 무의식 조직에 머무는 것으로 추정되며, 세 번째 종류의 소망은 무의식 조직에 갇혀 있는 것처럼 보인다. 어린아이들의 꿈에서 낮 동안 충족되지 못한 소망이 꿈의 자극 인자라는 사실은 명확하다. 특히 유년기 특유의 연령대에서 비롯되는 소망충동의 결과라고 할 수 있다. 그러나 이를 성인들의 경우에도 동일하게 적용할 수 있을지는 불분명하다. 나이를 먹으면서 인간은 자연스럽게 충동적인 삶을 제어하며 사유 활동을 통해 이를 보강해 간다. 따라서 어린아이들과 달리 충족하지 못한 소망이 꿈에서까지 어떤 역할을 하리라고는 믿기 어렵다. 깨어 있는 동안 비롯된 소망충족이 꿈을 자극하는 하나의 요인이라는 사실은 인정하지만 그 이상은 아니다. 전의식에 있는 소망이 무의식의 지원 없이 꿈의 내용에 들어올 수는 없다. 그러므로 성인의 경우 소망은 무의식에서 비롯된다.

소망은 무의식의 힘을 빌려야만 꿈에 나타날 수 있다. 그러므로 깨어 있을 때의 입장에서 보면 소망충동 역시 다른 현실적인 충동들과 동일하게 부차적이다. 해결하지 못한 근심이나 고통 같은 감각재료들 역시 소망충동과 마찬가지로 전의식 안에서 비슷한 심리적 과정을 거친다. 그것들은 때때로 꿈의 내용을 지배하기까지 하며 깨어 있을 때의 작업을 꿈에서도 지속하도록 강요하기까지 한다.

"내 친구 오토가 바제도 씨 병의 증상 때문에 나를 찾아오는 꿈을 예를 들어보자. 나는 낮에 오토의 안색을 보고 걱정했다. 이 걱정이 내 마음을 무겁게 했으며 꿈에까지 이어졌다. 이 걱정은 터무니없는 내용을 갖춘 채 소망충족과는 거리가 먼 것처럼 표현되었다. 나는 낮에 느낀 근심이 왜 이토록 터무니없게 표현됐는지 조사하기 시작했다. 분석결과 오토를 L남작과, 그리고 나 자신은 R교수와 동일시하고 있다는 것을 알아냈다. 왜 나는 낮의 근심을 이런 식으로 대체한 것일까? 결론은 한 가지였다. 무의식에서 나는 언제든 나 자신을 R 교수와 동일시할 준비가 되어 있었던 것이다. 어린 시절 품게 마련인 출세욕이 이 동일시를 통해 충족됐다고 볼 수 있다." (프로이트, 「꿈의 해석」에서 인용)

꿈에 왜곡되어 나타난 낮의 근심 역시 그 자체가 소망이라기보다는 무의식적이고 억압된 어린 시절의 소망과 관련되어 있는 것이 분명하다. 이 소망이 근심을 그럴듯하게 포장해 낮의 의식에 생겨나도록 한 것이다. 근심이 클수록 꿈속에서 결합이 무리하게 이루어진다. 소망과 근심이 내용적으로 반드시 관계있을 필요는 없으며 이 사례에서도 그런 관계는 존재하지 않는다.

불쾌한 인식이나 걱정, 고통스러운 생각처럼 소망충족과는 무관한 재료들이 꿈의 사고에 제공되는 경우 꿈이 어떻게 반응하는지 살펴보자.

첫째, 꿈은 고통스러운 재료들을 반대의 것으로 대체해 불쾌한 감정을 억제한다. 그 결과 만족스러운 꿈의 내용을 이루게 되는데 이는 명백한 소망충족이다.

둘째, 고통스러운 재료들이 변형되기는 했으나 충분히 알아볼 수 있을 정도로 꿈의 내용에 나타나는 경우에 있다. 이는 꿈의 소망이론에 이의를 제기하는 명분을 주며, 이에 관해 더 많은 연구가 필요하다.

이렇듯 고통스러운 내용의 꿈들은 고통스러운 감정을 수반하는가 하면, 불안을 조성하여 꿈에서 깨어나도록 하기도 한다. 그러나 이러한 불쾌한 꿈들 역시 소망충족에 기여함을 증명하기란 어렵지 않다. 프로이트는 자신의 꿈을 통해 낮의 고통스러운 경험을 어떻게 다루는지 설명하고자 하였으며, 이때 꿈의 서두는 분명하지 않았다.

"나는 아내에게 특별한 소식이 있다고 말한다. 아내는 깜짝 놀라며 아무 말도 듣지 않으려 하지만 나는 정말 기뻐할 만한 소식이라고 강조한다. 그러고는 아들이 속한 장교단에서 많은 돈(아마도 5000크로네)을 보내왔다고 얘기한다. 이후 아내와 함께 식료품 저장실 비슷한 방으로 무엇인가를 찾으러 간다. 그런데 이때 아들이 나타난다. 아들은 군복 대신 몸에 착 달라붙는 운동복에 작은 모자를 쓰고 있다. 꼭 물개 같은 모습이다. 아들은 어떤 상자 옆에 놓인 바구니 위로 올라간다. 상자 위에 무언가를 올려놓으려는 듯하다. 내가 불러도 아무런 대답이 없다. 아들은 얼굴인지 이마인지에 붕대를 감은 것처럼 보인다. 아들은 입을 우물거리며 입안에 무엇이가를 밀어 넣는다. 머리카락은 회색빛을 띤다. 나는 아들이 왜 이렇게 지쳐 보일까, 의치는 언제 끼웠을까 하고 생각한다. 아들을 부르기 직전에 나는 잠에서 깨어났다. 불안하지는 않았지만 가슴은 몹시 두근거렸다. 이 꿈이 의미하는 바는 무엇일까? 낮 동안의 고통스러운 기다림이 꿈의 계기였다. 당시 아들은 전방에서 싸우고 있었는데 일주일 이상이나 소식이 없어 나의 애를 태웠다. 꿈의 내용을 분석해 보면 아들이 부상했거나 전사했다는 확신하고 있음을 알 수 있다. 꿈의 초반에는 고통스러운 생각을 반대되는 것으로 대체하려는 노력이 엿보인다.

나는 '아들이 속해 이는 장교단에서 많은 돈을 보내왔다'는 식으로 뭔가 기쁜 소식을 전하려고 애쓴다. 돈의 액수는 내가 병원에 있었을 때 겪은 즐거운 일과 관련돼 있는데, 여기에도 역시 주제에서 벗어나려는 의도가 담겨 있다. 그러나 이러한 노력은 성공하지 못한다. 아내는 두려운 일을 예감하고 내 말을 들으려고 하지 않는다. 위장도 제대로 되지 않아 억제돼야 할 것들이 곳곳에 드러나 있다. 아들이 전사했다면 유품이 올 것이고, 포상금이든 위로금이든 돈이 온다면 형제자매나 다른 사람들과 배분해야 할 것이다. 또 포상금은 장렬하게 전사한 장교들에게 주어지는 게 일반적이다. 이래저래 꿈은 스스로 부정하려 한 것들을 직접 표현하고 있다. 꿈은 그와 동시에 소망을 충족하려는 경향을 왜곡해서 보여준다. 아들은 군복 차림이 아니라 운동복 차림으로 나타난다. 이는 우려하고 있는 사건을 대신해 과거에 운동하다가 다친 사고로 대체한 결과이다. 아들이 예전에 스키를 타다 골절상을 입은 적이 있기 때문이다. 한편, 물개처럼 보이는 아들의 형상은 재롱둥이 손자를 연상시키고 회색빛 머리카락은 전쟁터에서 고생 끝에 돌아온 사위를 생각나게 한다. 식료품 저장실과 무엇인가를 찾으려고 하는 상자(꿈에서는 상자 위에 무엇인가를 올려놓으려고 한다)는 세 살 무렵 내게 일어났던 사고를 분명하게 암시한다. 나는 식료품 저장실에서 상자 위에 있던 과자를 꺼내기 위해 의자 위로 올라간 적이 있다. 그때 의자가 넘어지면서 내 아래턱이 의자의 모서리에 정통으로 부딪치는 바람에 하마터면 치아가 모조리 빠질 뻔했다. 자업자득이라는 경고가 함축돼 있는 것처럼 보이는 이 행위의 이면엔 아들의 사고에 대해 만족감을 느끼는 충동이 숨어 있다. 이 충동은 나이 든 사람이 젊은 사람에 대해 갖는 특유의 질투심에서 비롯된 것이다." (프로이트, 「꿈의 해석」에서 인용)

이와 같은 불행이 실제로 일어날 경우 비통한 심정이 너무 강한 나머지, 그 정도를 완화하기 위한 심리적 장치로 억압된 소망충족이 나타났다고 볼 수 있다. 꿈의 자극이 깨어 있는 동안 겪는 생활의 잔재에서 비롯된다는 것은 확실하며, 꿈에 필요한 원동력을 어떤 소망이 제공한다는 것도 분명하다. 그리고 그러한 소망을 조달하는 것은 염려의 몫이다. 이것을 비유로 표현하면 이렇다. 낮의 사고가 꿈에 대해 기업가의 역할을 한다고 볼 때 이 기업가에게는 비용을 댈 자본가가 필요하다. 꿈에 필요한 심리적 비용을 전담하는 이 자본가가 바로 '무의식에서 비롯된 소망'이다. 때론 자본가가 기업가의 역할을 겸하기도 하는데, 사실 꿈에서는 이런 경우가 흔하다. 낮의 활동을 통해 무의식적 소망이 자극을 받으면 이 소망이 꿈을 만들어낸다. 예로 든 경제적 관계의 다른 가능성들 역시 꿈의 생성 과정과 비슷하다. 기업가는 스스로 자본의 일부를 조달할 수 있으며, 여러 명의 기업가가 한 자본가에게 의지하거나 여러 명의 자본가가 한 기업가에게 필요한 것을 분담할 수도 있다. 이런 식으로 한 가지 이상의 소망에 의해 유지되는 꿈들도 있으며 이와 유사한 변형들은 더 많다. 낮의 잔재가 꿈의 형성 과정에 참여하게 되면 전이를 위해 꼭 필요한 것들을 무의식에 제공하며, 무의식에서 억압된 소망이 가동할 수 있는 원동력을 빌려 오기도 한다. 죽은 아이의 시신이 안치된 방에서 새어나오는 불빛을 보고 갈등했던 아버지가 불빛을 느끼고도 잠에서 깨어나지 않고 꿈을 꾸는 것은 꿈의 심리적 힘으로 아이의 생명을 한 순간이나마 연장하고픈 아버지의 소망을 표현한다. 꿈에서 아이는 살아 있지만 현실에서 아이는 불에 타고 있다. 계속 꿈꾸며 꿈속에서 아이의 생명을 연장하는 것이 중요한가, 빨리 깨어나 불을 끄는 것이 중요한가? 더 이상은 이 꿈을 분석할 수 없기 때문에 억압된 것에서 유래하는 다른 소원들을 밝혀내기란 어렵다. 그러나 아버지의 수면 욕구를 꿈의 두 번째 원동력으로 추가하는 데는 문제가 없어 보인다. 꿈에 의해 아이의 생명이 연장되는 것처럼 아버지의 수면도 연장되는데, 이것이 수면 욕구의 동기이다(이환, 2019).

프로이트는 꿈을 자극하는 요인으로, 낮의 잔재로 가공된 신체적 자극을 하나 더 짚었다. 신체적 꿈 자극 이론에서는 신경자극이나 신체자극 또는 감각자극을 꿈의 원천으로 간주한다. 우선 외적 자극이 그대로 꿈에 나타나는 경우는 흔치 않다. 아주 강도 높은 감각자극이나 운동자극, 심지어는 심한 통증도 항상 꿈에 엮여 등장하지는 않는다. 도리어 그것 때문에 잠에서 깨는 경우가 많다. 만약 외적 자극이 꿈에 엮여 들어온다면 그대로 인식되지 않고 항상 오인되며, 그에 대한 심리적 반응도 규정할 수 없을 정도로 변화무쌍하다.

그는 꿈이 심리적 활동으로서 가치를 지니며, 소원이 꿈 형성의 원동력이고 낮의 체험과 어린 시절의 체험이 이것을 자극함으로써 꿈이 이루어진다는 것을 실증적으로 증명해냈다. 신체자극 이론을 인정한다면 프로이트 이전에는 신체적 꿈 자극 이론에 의한 꿈, 이후에는 프로이트 이론에 의한 꿈으로 구분할 수 있는 셈이다. 물론 꿈이 두 종류일 가능성은 전혀 없다. 이 이론에 대해 프로이트는 다음과 같이 말했다.

"이제 남아 있는 일은 널리 알려진 신체적 꿈 자극 이론의 토대를 이루는 사실을 우리의 꿈 이론에 배열하는 것이다. … 이러한 자극들은 현재 활동하고 있는 것이기 때문에 중요하다. 그것들은 심리적으로 활성화되어 있는 다른 것들과 결합하여 꿈 형성에 재료를 제공한다. 다른 말로 표현하면 자면서 받는 자극들은 우리가 알고 있는 낮의 심리적 잔재들과 함께 함께 소원성취로 가공된다. 심리적 꿈 출처에 신체적 재료를 추가해도 꿈의 본질은 변화하지 않는다. 활성화된 재료를 통해 어떻게 표현되든지 간에 변함없이 꿈은 소원성취이다."(프로이트, 「꿈의 해석」에서 인용)

이 외적 자극을 심리는 어떻게 받아들일까? 숙면을 방해하지 않도록 자극을 억압할 수도 있고, 자극에 반응하기 위해 잠에서 깨울 수도 있으며, 꿈속에 끼워 넣음으로써 자극으로부터 소원을 성취할 수도 있다. 신체적 자극이 꿈에 엮여 들어온 사례로 프로이트는 자신의 〈회색 말을 타는 꿈〉을 든다. 이 꿈을 자극한 신체적 자극은 전날 음낭 근처에 부풀어 올라 움직이기만 해도 끔찍한 통증을 유발한 부스럼이었다. 그런데 이것은 꿈속에서 병의 위치나 종류를 볼 때 더없이 부적절하게 말을 타는 것으로 나타났다. 프로이트는 말을 탈 줄도 모르는데 말이다. 이 사례에서 통증이 주는 자극이 잠을 깨우려 하지만, 꿈이 부스럼에 의한 통증을 부인하면서 아프지 않았으면 하는 소원성취와 더불어 수면 욕구도 충족하고 있음을 알 수 있다. 꿈 자극으로서 신체적 자극은 낮의 잔재 위치에서 가장 잘 결합할 수 있는 전의식적 소원을 일깨운다. 프로이트는 이 꿈에서 통증을 부인함으로써 아프지 말았으면 하는 소원을 성취하고 수면 욕구도 충족하였으며, 이로써 일깨워진 소원들이 어떻게 성취되는지 해석했다. 그는 "신체적 자극은 영혼 안에 숨어 있는 소원충동과 가장 잘 결합할 수 있는 것을 선택하도록 명백하게 결정되어 있으며, 자의에 맡겨지는 것은 아무것도 없다."라고 하였다(이경희, 2020).

(2) 꿈에서 주간 잔재가 필수적인가?

프로이트가 꿈의 원리는 '소원성취'라는 것을 깨달은 것은 잠재적 꿈 사고를 찾아내면서부터였다. 이전에는 누구도 그런 시도를 한 적이 없었고 모두 '왜곡된' 꿈 내용에서 헛되이 그 의미를 찾으려고 했다. 꿈이 꿈 내용과 꿈 사고의 두 가지로 이루어져 있다는 것은 심리가 두 체계로 되어 있다는 말의 다른 표현이다. 우선 소원을 형성하여 꿈 사고를 만들어내는 첫 번째 심역과 이것을 검열하여 꿈 내용으로 왜곡하는 두 번째 심역이 있다고 가정한다는 점에서 그렇다. 이때 두 번째 심역은 소원이 숨어 있는 꿈 사고에 저항하면서 직접 개입하여, 꿈 내용을 본래 소원과는 거리가 먼 불쾌한 내용으로 왜곡하여 의식하게 만든다. 여기에서 "꿈은 억압된 소원의 위장된 성취다."라는 보완된 명제가 탄생했다. 이를 추론하기 위해 프로이트는 자신의 꿈 「사소한 식물학 연구논문」을 선택하였다.

"여기서 낮의 사소한 체험은 오전에 서점의 진열장에서 「시클라멘 속(屬)」이라는 신간 서적을 본 것이다. 그런데 왜 사소하고 별 관심도 없는 「사소한 식물학 연구논문」이 꿈 내용에 등장하는 것일까? 꿈 내용에서 나는 사소한 인상에 대한 암시만을 발견하고 꿈이 삶의 지엽적인 부분을 내용으로 받아들인다는 사실을 확인할 수 있다. 그와 반대로 꿈 해석에서는 당연히 모든 것이 흥분할 만한 중요한 체험으로 귀결된다. 분석을 통해 드러난 잠재적 내용인 꿈 사고에 따라 꿈의 의의를 판단하는 것이 유일하게 올바른 태도이다. 이렇게 해서 나는 뜻밖에도 새로운 중요한 인식에 이르렀다. 꿈이 낮에 경험한 일 중에서 사소하고 단편적인 것만을 다루는 수수께끼가 풀리는 것을 알 수 있었다 … 당연히 흥분할 만한 낮의 인상이 꿈을 꾸게 한 동기인데도 그 동기는 꿈 내용에 등장하지 않는다. 사소한 인상이 꿈에 나오는 것에 대한 가장 납득할 만한 설명은 여기에도 분명 꿈 왜곡이 존재한다는 것이다. 「시클라멘 속」 연구논문에 대한 사소하고 관심도 가지 않는 기억은 높은 심리적 가치를 가진 친구와의 대화에 대한 임시처로 활용되었다." (프로이트, 「꿈의 해석」에서 인용)

낮의 잔재 중에서 정작 꿈 자극 요인이 될 만한 친구와의 대화는 아예 꿈 내용에 등장하지 않고, 그 대신 사소하고 관심도 가지 않는 식물학 연구논문이 꿈 내용에 등장한다. 중요한 것부터 사소한 것으로 강조점을 이동시키는 꿈 왜곡이 일어나기 때문이다. 물론 이때 두 표상들 사이에는 매개가 될 만한 어떤 공통성이나 연결고리가 존재해야 한다. 꿈 자극이 될 만한 친구와의 대화와 이를 대체한 꿈 내용의 「시클라멘 속(屬) 연구논문」 사이에는 식물학 표상 범주의 여러 연결고리들이 존재하며, 여기에는 가장 중요한 코카인을 둘러싼 관계가 포함된다. 프로이트는 코카인의 마취 성분을 가장 먼저 발견하고 이에 대한 자부심을 갖고 있었지만, 그의 친구였던 콜러(Karl kollar)가 논문을 먼저 발표하여 최초 발견자로 등재되었다. 이 꿈을 꾸기 전날 저녁에 프로이트와 대화를 나눈 친구 쾨니히슈타인(Leopold Königstein)도 코카인과 관련 있는 인물이다. 이처럼 코카인과 관련된 꿈 사고는 프로이트가 격리(억압)했기 때문에 쉽사리 저항에 부딪혔던 것이다. 이 때문에 꿈을 자극한 친구와의 대화 대신 「사소한 식물학 연구논문」이 꿈에 등장할 자격을 얻게 되었다. 여기서 낮의 잔재는 전의식적 소원들을 일깨운다는 점에서 주목해야 한다. 이 꿈에서는 꿈 자극이 될 만한 친구와의 대화가 낮의 잔재로서 전의식적 소원들의 동기가 된다. 전날 친구와의 대화는 코카인에 대한 여러 기억들을 되살리면서 프로이트의 마음에 복잡한 변화를 불러일으켰다. 프로이트는 친구와의 대화에서 그의 논문 중심 연구나 서적 수집과 같은 특별하고 사치스러운 취향, 그리고 식물학 등을 등한시하는 태도에 대한 친구의 비난에 부딪혔다. 그러나 이에 대하여 어떤 자기변호도 하지 못한 채 대화는 중간에 미진하게 중단되었고, 이 미진함이 어떤 소원들을 일깨웠다.

그 가운데 코카인과 관련된 어떤 소원은 검열을 피하기 위해 꿈 내용에서 사소하고도 별 관심도 없는 식물학 연구논문으로 이동했다. 때문에 소원성취는 꿈 내용의 식물학 연구논문과는 전혀 상관없이 이루어졌다. 이렇게 중요한 소원을 자극하는 사건을 눈에 띄지 않는 사소한 것으로 바꾸는 것이 꿈 작업 이동이다. 꿈 사고의 중요한 흐름을 꿈-내용의 사소한 표상으로 이동함으로써 두 번째 심역의 검열을 피하여 꿈 내용에 진입할 수 있다.

이제 "왜 사소한 낮의 잔재가 꿈 형성에 필수적일까?"라는 의문을 풀 차례이다. 꿈은 낮의 잔재가 일깨우는 전의식적 소원만으로는 절대 형성되지 않는다. 꿈 작업의 원동력인 무의식적 소원의 지원을 받아야만 한다. 그러면 무의식적 소원은 어떻게 성취될까? 전의식적 소원이 우연한 복수의 소원들인 데 반해 무의식적 소원은 단수이다. 에너지가 투여된 이 무의식적 소원은 유사성의 그물망을 타고 자신의 에너지를 실을 전의식적 소원의 표상을 찾는다. 전날 낮에 이루지 못하고 잠재해 있던 여러 전의식적 소원들 중 무의식과 접속된 소원들이 자극을 받으면 꿈의 동기로 작동한다. 이를테면 사치스런 취미에만 빠져서 식물학 같은 분야를 등한시한다는 친구의 비난에 프로이트가 "나는 코카인에 대한 성공적이고 귀중한 논문을 저술한 사람"이라고 자신을 변호하는 것은 전의식적 소원성취이다. 프로이트가 밝히지 않은 무의식적 소원은 유사성을 지닌 전의식적 소원과 접속한다. 접속을 통해 무의식적 소원의 에너지는 전의식적 소원으로 이동하며, 이 같은 방식으로 전의식적 소원들이 일깨워지고 무의식적 소원이 함께 실현된다. 무의식적 소원의 입장에서 보면, 자신의 리비도(에너지)가 전의식적 소원성취에 투여될 때가 아니면 실현될 길이 요원하다. 즉, 무의식적 소원은 낮의 잔재가 일깨운 전의식적 소원성취를 통해서만 그 뒤에 숨어서 실현될 수 있다. 따라서 꿈이 형성되기 위해서는 꿈의 원동력인 무의식적 소원과 유사성이 있어서 접속할 수 있는 전의식적 소원이 필수적이다.

그렇다면 전의식적 소원은 어떻게 형성되는가? 바로 꿈꾸기 전날 마음에 소용돌이를 일으켰지만 표출하지 못하고 미진한 채로 가라앉은 잔재가 어떤 소원들을 일깨운다. 이 전의식적 소원들과 접속하지 않는 이상 모습을 드러낼 수 없는 무의식적 소원은 성취되지 못한다. 이렇듯 꿈의 형성에서 낮의 잔재는 그것이 일깨우는 전의식적 소원들과 함께 필수적인 요소이다.

3) 억압된 유아 욕망

(1) 욕망

프로이트는 "욕망(drive)은 정신적인 것과 육체적인 것의 경계 개념으로서, 유기체 내에서 시작되어 마음에 이르는 자극의 정신적 재현체로서 우리에게 드러난다."라고 말했다 (프로이트, 1895). 욕망을 정신과 육체의 경계 개념으로 뜻매김한 것은 욕망의 재현 문제를 푸는 데 결정적 단서를 제공한다. 정확하게 정신적인 것이 재현적인 것이고 육체적인 것이 비재현적인 것이라면 이 둘 사이에 위치한 욕망의 자리는 반재현적이고 불완전한 재현의 자리임이 분명하다.

1895년경부터 자기분석을 시작한 프로이트는 1896년 아버지가 사망한 이후에 더욱 철저한 자기분석에 몰입했다. 이 과정에서 그는 가족 내에서 성적 유혹이 일어난 사실이 전혀 없었는데도 그 자신 속에 신경증적 증상이 있음을 발견하게 되었다. 이 일을 계기로 프로이트는 "성적 유혹이 이토록 광범위한 것일까?", "점잖고 도덕적으로도 올바른 사회의 수많은 사람들이 모두 근친상간적인 성적 경험을 했다는 말인가?" 등을 자문하게 되었다.

프로이트는 환자가 말하는 성적 유혹이 항상 실제 사건을 반영하는 것은 아니며, 어린 시절의 유아적 소망을 이야기하는 것인 동시에 오히려 환자의 환상과 성적 소망의 산물이라는 것을 깨닫게 되었다. 따라서 어느 환자가 근친상간적인 사건을 기억해 냈을 때 그것을 액면 그대로 받아들여서는 안 되고, 환상 속에서 근친상간적인 소망을 충족하는 것으로 이해해야 한다고 보았다.

환자가 말하는 성적 상처를 실제 사건이 아닌 환자의 환상으로 이해하는 것은 유혹 가설(seduction theory)에서 유아 성욕설(infantile sexuality)로 히스테리아의 원인이 바뀌는 것을 의미한다. 정신분석에서는 이러한 변화를 매우 중요한 순간으로 간주한다. 유혹 가설은 신경증의 원인이 외부에 있다는 것을 뜻하는 반면, 유아 성욕설은 어린 시절에 있었던 실제 사건에 대한 반응으로 억압이란 기제를 사용한다는 생각을 수정하게 만들었다. 내면의 성욕을 억압하는 것과 성적 유혹의 상처를 억압하는 것에는 차이가 있다. 성적 유혹의 상처를 받은 경험은 의식에서 뚜렷하게 감지되지만, 성욕의 경우 그 자체를 인식하지 못한다. 이렇듯 유혹 가설에서 유아 성욕설로의 변화를 통해 현실의 경험이 그 중심 역할을 잃는 대신, 성적 환상을 창조하는 것이 무엇인지와 그 심리적 과정이 어떻게 이뤄지는지에 대해 관심이 집중되었다. 이는 이후 본능적 욕망을 발견하게 되는 계기가 되었다.

유아 성욕설은 방어에 대한 개념에도 영향을 주었다. 프로이트의 연구 초기 시절에 방어의 주제는 원시적 개념의 자아였다. 초기에 자아의 개념은 사람 혹은 의식을 지칭하는 것이었고, 의식은 지배적 사고의 명령을 받는다고 여겨졌다. 따라서 지배적 사고에 부합하지 않는 기억들은 방어에 의해 해리되고, 이런 기억들과 감정들이 가로막혀서 증상으로 나타난다고 보았다.

반면에 유아 성욕설은 처음부터 스스로도 인식하지 못하는 욕망을 자기도 모르게 억압하는 심리적 힘 혹은 기능이 있다는 입장이다. 즉, 무의식이 무의식을 억압한다고 본다. 억압된 무의식적인 기억을 되살리고 제 반응 증상을 일으킨 상황을 감정적으로 다시 경험하면서 그와 연관된 감정들을 해소하고 배출하는 것에서 억압 자체의 심리 기제와 동기를 밝히려는 것으로 분석의 초점이 옮겨진 것이다. 다시 말해 '억압된 내용이 무엇인가?'에서 '억압하는 것 혹은 억압의 과정이 무엇인가?'로 관심의 초점이 바뀐 것이다. 억압은 받아들이기 힘든 욕망을 무의식적 수준에서 보존하려 하며 이를 밝혀내려는 치료에 저항한다. 그러므로 정신분석에서는 억압의 기제를 반드시 다루어야만 한다.

이후 프로이트는 1905년 발간한 「성욕이론에 관한 세 가지 에세이」에서 리비도 이론을 처음으로 소개하였다. 그는 여기에서 본능적 욕망(instinctual drives)이 아이와 성인의 모든 성적 소망의 근원이라는 견해를 밝혔다. 이렇게 본능적 욕망에 근거한 초기 프로이트 이론을 현재는 모두가 이의 없이 욕망심리학(drive-psychology)으로 부른다(Sandler, 1976).

성격발달에 관한 프로이트의 최초 이론은 본능적 과정의 중요성을 강조하고 인간이 구강, 항문, 남근, 생식기적 관심으로 이어지는 신체적 집착의 단계를 순서대로 통과한다고 보는 생물학적 모델을 채택했다. 이 이론에 따르면 유아기와 초기 아동기에 인간의 본성은 기본적인 생존 문제에 집중되며, 이는 처음에는 수유 및 유아의 신체를 돌보는 어머니의 활동을 통해 매우 감각적인 방식으로 경험되고, 나중에는 탄생과 죽음 그리고 부모의 성적 유대에 관한 아동의 환상 속에서 경험된다. 프로이트는 욕망의 강도에서 다소의 개인차를 보이기는 하지만, 유아와 성인 속에 계속 살아 있는 자기의 유아적 측면들을 제약받지 않는 본능적 만족의 탐구자로 보았다.

적절한 양육이란 한편으로는 정서적 안전감과 즐거움을 느낄 만큼 아동을 충분히 만족시키고, 다른 한편으로는 쾌락원리를 적정 수준에서 현실원리로 대체할 수 있도록 아동에게 발달상 적절한 좌절을 주는 일을 민감하게 오가는 일이다. 프로이트는 자기 환자의 부모가 환자의 정신 병리에 어떻게 기여했는가에 대해서는 거의 언급하지 않았다. 그러나 그는 부모의 실패란 욕망을 지나치게 만족시켜 아동이 발달적으로 앞으로 나아갈 동기를 갖지 못하게 하거나, 아동이 좌절을 주는 현실을 흡수하는 능력을 키우지 못하도록 욕망 만족을 지나치게 박탈하는 것이라고 보았다.

부모의 역할은 자녀가 방종과 금지 사이에 균형을 유지하도록 하는 것이다. 욕망 이론에서는 만약 아동이 초기 심리성적 단계에서 지나치게 좌절(금지)하거나 지나치게 만족(방종)하면 그 아동은 그 단계의 문제에 '고착'된다고 가정하였다. 그리고 성격이란 이러한 고착의 효과가 장기적으로 나타나는 것이라고 보았다. 이 이론에 따르면 어떤 성인의 성격이 우울하다면 이론적으로 그는 생후 약 1년(구강기적 발달단계) 동안 방치되었거나 아니면 지나치게 충족된 것이며, 만약 강박적인 성격이라면 대략 생후 1년 반에서 3년 사이(항문기)에 문제가 있었던 것으로 간주할 수 있다. 또한, 성격이 신경질적이라면 생식기와 성으로 아동의 관심이 이동하는 대략 3세에서 6세 사이(프로이트 남성 지향적 용어에 따르면 '남근기'로서, 이 단계의 후반부는 그 시기의 성적 경쟁의 문제와 그와 연관된 환상이 고대 그리스 오이디푸스 이야기의 주제와 일치한다고 해서 '오이디푸스기'로 알려졌다)에 거절이나 지나치게 자극적인 유혹 혹은 그 둘 다를 경험한 것으로 간주한다.

1950년대와 1960년대에는 에릭 에릭슨(Erik Erikson, 1950)의 각 발달 단계별 대인 과제 및 심리내적 과제에 따라 심리성적 단계를 재구성한 이론이 상당한 주목을 받았다. 그의 발달단계 이론에서 프로이트의 이론에 덧붙인 것 중 가장 호소력이 있는 부분은 프로이트의 생물학적 관점을 수정하기 위해 각 단계들의 이름을 바꾼 것이다. 구강기는 완전한 의존상태이며, 이 시기에는 기본적 신뢰감(혹은 신뢰감의 결여)의 형성이 중요한 과제이다. 항문기는 자율성(방향을 잘못 잡을 경우 수치심과 의심)을 성취하는 시기로 개념화된다. 이 시기의 전형적인 투쟁은 프로이트가 강조했듯이 배변 기능의 숙달일 수도 있지만, 자기통제 및 가족과 더 큰 사회가 갖는 기대와의 타협을 배우는 것과 관련하여 더 광범위한 문제들도 포함한다. 그는 오이디푸스기를 기본적 효능감(주도성 대 죄책감) 및 애정 대상과의 동일시 속에서 쾌감을 발달시키는 시기로 보았다.

멜라니 클라인(Melanie Klein, 1882~1960년)은 1959년 아동의 '편집-분열 포지션'에서 '우울 포지션'으로 이동에 관한 논문을 썼다. 편집-분열 포지션에서는 양육자가 아동의 전능한 통제 바깥에 있으며 별개의 마음을 갖고 있음을 이해하게 된다. 치료자들은 자신의 환자들이 어떻게 '매이게' 되는지를 더 신선한 시각으로 보게 되었으며, 환자의 자기 상태에 생기는 변화들을 이해할 수 있게 되었다. 또한, 자기 비판적 내담자들에게 젖을 너무 일찍 떼었는지 너무 늦게 떼었는지, 배변 훈련을 지나치게 엄격하게 했는지 너무 느슨하게 했는지, 오이디푸스기에 유혹을 당했는지 거부당했는지 등에 관한 추측을 넘어서는 해석과 가설을 제공할 수 있게 되었다.

(2) 억압된 유아 욕망

꿈은 어린 시절에 지니는 무의식적 소망의 위장된 만족이라는 말처럼, 프로이트는 억압된 어린 시절의 소망과 충동들이 꿈을 꾸게 하는 근본적인 요소라고 보았다. 프로이트는 자신의 이론 중 정신 성욕설(psycho-sexuality)인 리비도 이론을 신체나 장기로부터 (꼭 성기뿐만 아니라) 비롯되는 관능적인 쾌감을 지칭하는 데 사용하였고, 리비도를 그러한 관능적 쾌감의 기저에 있는 가설적인 에너지의 의미로 사용하였다.

리비도 이론은 일차적으로 내부 과정에 의해 생성되는 행동이나 정신활동을 설명하려는 시도에서 나온 것이다. 생리학자로서 프로이트는 정신활동의 신체적 기원을 찾기 원했고 그 결과 본능(driver)의 개념을 사용하였다. 생물학에서 본능은 종 특유의 유전적으로 타고나는 행동 메커니즘을 말한다. 물론 정신분석학에서 말하는 본능은 생물학에서 말하는 것과는 다른 의미를 갖는다. 프로이트(1915)는 본능을 "정신과 신체 사이의 경계 개념", "조직 안에서 시작된 자극의 심리적 표상이 정신에 도달하는 것", "마음이 작용하도록 요구하는 것" 등의 의미로 정의하였다. 생리학적으로 어디서 시작되었든 상관없이 본능은 정서적으로는 강제적인 충동 또는 자극으로 경험된다.

리비도 이론은 1905년 「성욕 이론에 관한 세 가지 에세이」에서 처음 발표되었다. 리비도 이론은 다음과 같은 가설들로 구성된다.

- 리비도는 주된 심리적 에너지이다.
- 발달단계는 여러 리비도 단계로 구성된다.
- 리비도 욕망은 만족되거나 억압되거나 반동형성 또는 승화로 처리될 수 있는데, 이 가운데 승화가 가장 정상적인 적응이다.
- 생물학적으로 결정된 본능을 다루는 방식에 의해 성격구조가 형성된다.
- 신경증은 유아 성욕의 어떤 시기에 고착되거나 퇴행한 것으로, 보다 초기에 고착되거나 퇴행이 깊을수록 정신병리도 커진다(최영민, 2023).

프로이트는 리비도 욕망을 근원(source), 목적(aim), 대상(object) 그리고 압력(pressure)의 네 가지 관점으로 개념화하였다. 그는 리비도의 근원을 신체적인 것으로 생각하였다. 그리고 리비도의 목적은 만족이고 그러한 만족을 얻을 수 있게 해 주는 것이 대상이라고 여겼다. 초기 유아는 '전체 대상으로서 어머니'에게 반응하는 것이 아니라 '어머니가 만족시켜 주는 기능'에 반응하는 것이라고 볼 수 있다. 그리고 본능적 욕망은 강제적·충동적 성질을 지니는데 압력이 그런 힘의 양적 측면이라고 볼 수 있다.

프로이트는 사람의 성적 인생을 세 단계로 나누었다. 첫 번째 단계는 생후 약 5세까지의 유아 성욕기(infantile sexuality)이고, 두 번째 단계는 잠복기(latency period)이며, 세 번째 단계는 성기기(genital stage)이다. 초기 유아 성욕기는 다시 구강기(oral)와 항문기(anal) 그리고 남근기(phallic)의 세 시기로 구분되며, 유아 성욕은 3~5세 사이의 오이디푸스 갈등에서 절정에 이른다. 프로이트는 다른 성을 가진 부모와의 성적 관계를 소망하고 같은 성을 가진 부모에게는 적대적인 오이디푸스 갈등이 신경증 환자와 정상인을 막론하고 모든 사람의 성격 구조의 근원이라고 보았다.

① 유아 성욕기

- 구강기(0~1, 1/2세): 정신성적 발달의 가장 초기 단계이다. 유아의 욕구나 인식, 표현이 주로 입과 입술, 혀 등의 구강기 주위와 연관된다.

구강기 성애	젖을 빠는 구강기 만족과 젖을 빨아 먹은 이후의 이완 상태에 도달하려는 욕구를 포함한다.
구강기 공격 (가학증)	물어뜯고, 먹어 치우고, 파괴하는 원시적 소망 혹은 환상과 연관된다.
구강기 병리적 특성	지나친 구강기 만족이나 결핍은 구강기 고착을 가져와 지나친 낙관적 성향, 지나친 욕구적 성향과 같은 병리적 특성을 갖게 한다. 구강기 의존성은 받으려고만 하고 되돌려 주지 못하는 성향을 말한다. 때때로 질투와 시기심을 동반한다.
성공적 해소	지나친 의존이나 시기심 없이 타인과 상호작용하는 능력이 형성되고, 타인을 신뢰하며 또 자기 신뢰를 잃지 않고 타인에게 의지할 수 있는 능력을 얻게 된다.

출처: 최영민(2023)을 바탕으로 필자 재구성.

• 고착과 퇴행 : 고착은 심적인 에너지가 정신성적 발달의 특정 시기의 문제를 해결하는 데만 집중적으로 투입되는 상태를 말한다. 그 결과 그다음 단계 발달의 특정시기에 성장이 멈추는 것

을 나타낸다. 고착은 유아가 지나치게 빨리 이유(離乳)를 경험하거나 수유를 제대로 받지 못하는 것과 같이 지나치게 좌절을 경험하는 경우, 너무 오랜 기간 수유를 받는 것과 같이 지나치게 만족을 누리는 경우에 생긴다. 퇴행은 대소변 가리기를 잘하던 아이가 동생이 태어난 후 다시 대소변을 가리지 못하게 되는 경우처럼 이전 상태로 되돌아가는 현상을 말한다.

– 항문기(1~3세) : 괄약, 특히 항문 괄약근을 조절할 수 있는 신경 근육이 성장하여 변을 보유하거나 배설하는 조절과 관련 있는 항문기 욕구와 연관된 시기이다.

항문기 성애	귀중한 변을 보유하고 부모에게 그것을 귀중한 선물로서 보여주는 항문기 기능 속에서 성적 쾌감을 얻는다.
항문기 가학증	강력하고 파괴적인 무기로서 변을 배출한다. 이런 소망은 아동의 놀이에서 폭격이나 폭발의 환상으로 표현된다.
항문기 병리적 특성	지나친 대소변 훈련은 질서정연함, 완고함, 강팍함, 외고집, 인색함, 극도의 절약 등을 초래할 수 있다. 그리고 이에 대한 비효율적인 방어의 결과 지나친 양가적 태도, 지저분함, 반항적 성향, 격노하는 성향, 가학-피학성 등이 나타날 수 있다.
성공적 해소	개인적 자율성, 독립적인 능력, 죄책감을 느끼지 않고 개인적으로 주도할 수 있는 능력, 수치심이나 자기의심 없이 자기결정적으로 행동할 수 있는 능력, 양가감정 없이 수행할 수 있는 능력, 다른 사람에게 지나치게 고집부리지 않고 자기비하 없이 협력할 수 있는 능력 등을 얻게 된다.

출처: 최영민(2023)을 바탕으로 필자 재구성.

– 남근기(3~5세): 성기 영역이 성적 흥미와 자극 그리고 흥분의 초점이 되는 시기이다. 페니스가 주된 관심 대상이 되며, 여자아이는 자신에게 페니스가 없음을 알고 콤플렉스를 느낀다.

남근기의 성애와 공격성	오이디푸스 갈등과 연관된다. 오이디푸스 갈등이란 남자아이가 어머니에 대해 성애적 사랑을 느끼고 아버지에 대해서는 시기와 적개심을 갖는 것을 의미한다. 자위행위가 증가하며, 이성의 부모와 성적 관계를 맺는 무의식적인 환상이 주로 동반된다. 자위행위와 오이디푸스 소망과 연관하여 거세 공포가 생겨난다. 오이디푸스 갈등에서 비롯되는 근친상간적인 소망은 거세공포에 의하여 억압된다. 공격자와의 동일시를 통해 남자아이의 경우 아버지와 자신을 동일시함으로써 거세공포가 상당 부분 완화된다. 이후 부모상을 지속적으로 동일시하며 초자아 형성을 이뤄간다.
남근기 병리적 특성	남근기-오이디푸스 시기의 병리적 성향은 거의 모든 신경증의 발달과 연관된다. 남자아이의 거세공포와 여자아이의 남근 선망이 초점이다. 남아의 경우 아버지상에 해당하는 사람, 예를 들어 윗사람을 만나면 주눅 들거나 불안을 경험하는 소위 거세공포를 느끼게 된다. 반면 여아의 경우는 성장하면서 신경질적인 성격이 된다. 즉, 말이나 행동이 매우 연극적이고 과장되게 표현하며 항상 남의 관심을 끌려는 유혹적인 모습을 보인다. 이는 아버지의 관심을 독점하려는 욕망이 다른 뭇 남성에게 옮겨 간 것으로 볼 수 있다. 이러한 남자아이의 거세공포와 여자아이의 남근 선망에 대한 방어와 동일시 형태 등은 그 사람의 성격을 결정짓는 요소가 된다.
성공적 해소	이 시기를 적절히 보내면 성 주체성이 굳건해지고 건전한 호기심과 건강한 지적 욕구가 발달한다. 주위환경의 대상을 통제할 수 있다는 느낌을 얻게 되며, 오이디푸스 갈등의 해소에 의해 충동을 조절하여 건전한 목적으로 사용할 수 있는 강력한 내부 자원인 초자아가 탄생한다.

출처: 최영민(2023)을 바탕으로 필자 재구성.

② 잠복기

오이디푸스 갈등이 해소된 이후부터 사춘기까지의 시기로 성적 욕망이 상대적으로 활발해 보이지 않는 시기이다. 5~6세경부터 11~12세 사이의 시기가 여기에 해당한다.

잠복기의 성애와 공격성	본능적 충동을 상당히 조절할 수 있게 되어 성적인 흥미가 일반적으로 잠잠한 시기이다. 일차적으로 동성 친구와 동성애적인 연합을 이룬다. 리비도 에너지와 공격적 에너지를 승화시켜 배움과 활동에 사용하고, 이를 통해 중요한 기술들을 습득한다. 오이디푸스 동일시를 더 확대하며 성 역할을 배우고, 한편으로 자아기능을 발달시킨다.
잠복기 병리적 특성	내부 욕망을 조절하지 못하면 충분한 에너지를 얻을 만큼 이를 승화하지 못해 학습과 기술 습득에 실패하게 된다. 반대로 지나치게 욕망을 조절하면 인격 발달이 조기에 멈추고 강박적인 성향을 갖게 된다.

성공적 해소	이전에 획득한 정신성적 발달들을 통합하고 더욱 공고히 하는 시기이다. 이전에는 정신성적 발달과정에서 덜 중요한 시기로 간주되었으나, 지금은 잠복기 또한 중요한 시기로 간주된다. 승화를 통해 얻은 에너지를 자아발전에 사용하여 학업과 기술 습득 그리고 교우관계 등에 전념하게 된다. 그 결과 실패나 패배의 큰 두려움 없이 자율적으로 기능할 수 있는 근면성을 얻게 된다. 이는 이후의 시기에서 계속 통합되며 궁극적으로 일과 사랑에서 만족을 얻는 기본이 된다.

출처: 최영민(2023)을 바탕으로 필자 재구성.

③ 성기기

사춘기부터 초기 성인기까지의 시기이다. 생리적으로는 어른으로서 성적 기능을 갖게 되고 호르몬 기관도 성숙하며 특히 리비도 욕망이 강화된다. 이 시기에는 부모로부터 독립하여 근친상간적이지 않은 성숙한 대인관계를 형성해야 한다.

성기기의 성애와 공격성	성–생식 기능이 생리적으로 성숙한 단계에 이르기 때문에 강렬한 리비도 욕망에 이끌린다. 강렬한 욕망 때문에 사춘기 청소년은 인격이 일시적으로 퇴행하는 모습을 보일 수도 있다. 이 시기에는 부모에게 의존하고 애착했던 것으로부터 궁극적인 독립을 이루는 것이 중요하다. 이성과 친밀감을 느끼며 성인으로서 어른스러운 성적 관계를 나눌 수 있어야 한다.
성기기 병리적 특성	이전 정신성적 발달이 부분적으로 다시 개방되고 새로 작업되는 시기이므로 이전에 해소하지 못한 모든 단계의 문제들이 나타날 수 있다. 이 시기에 보다 특정한 문제는 정체성 혼란이다.
성공적 해소	성적 욕망을 다스리는 능력과 성숙한 대상관계를 형성하게 된다. 적절한 상대와 만족스러운 성적 관계를 형성하는 것도 필요하며, 부모로부터 독립하여 자아정체성을 확립하게 된다. 이 단계에 도달하면 자기실현 능력을 갖게 되고 일과 사랑에 의미 있는 참여를 하게 된다. 또한, 창조적이고 생산적인 일과 만족할 만큼 의미 있는 목표와 가치를 추구할 수 있게 된다.

출처: 최영민(2023)을 바탕으로 필자 재구성.

(3) 억압된 유아 욕망은 왜 꿈의 보편적 출처인가?

프로이트는 억압된 어린 시절의 소망과 충동들을 꿈을 꾸게 하는 근본적인 요소로 보았으며, 오이디푸스 시기와 그 이전 시기에 시작된 욕망적이고 공격적이며 억압된 소망들이 주간 잔재와 야간 감각자극과 함께 녹아들어 최종적인 결과물을 만들어낸다고 하였다 (최영민, 2010).

〈오이디푸스 콤플렉스〉

프로이트가 오이디푸스 전설에서 인용하여 정신분석에 활용한 용어로 심리학에서 매우 중요한 개념이다. 그리스 신화에 등장하는 인물인 오이디푸스는 아버지를 죽이고 어머니와 결혼한 비운의 주인공인데, 프로이트는 인간 내면에 이러한 콤플렉스가 존재한다고 보았다. 부모를 애정의 경쟁자로 인식해 아버지에게는 질투의 감정을 느끼고, 어머니에게는 성적 호기심을 나타낸다는 것이 핵심이다. 이로 인해 심리적 갈등을 겪게 되고 심하면 정신분열에 이를 수도 있다고 본다. 오이디푸스 콤플렉스는 심리발달 과정에서 자연히 해소되는데 이때 그 역할을 담당하는 것이 초자아이다(이환, 2019).

어린 시절의 무의식적인 소망이나 충동은 복잡하다. 무의식적인 소망과 충동을 억압하는 이유는 그것들이 고통스럽거나 스스로 용납할 수 없기 때문이다. 그리고 수면 중 억압이 느슨해진다고는 하나, 꿈의 검열 기능은 여전히 활발히 작용하며 충동이 방출되는 것을 적극적으로 억제하고 본래 성질과 다르게 위장하도록 저항한다. 그 결과 억압된 소망과 충동은 중립적이고 문제가 없다고 느껴지는 이미지들에 부착되는데, 흔히 일상생활 중 사소하고 별로 중요하지 않은 이미지들 중에 어떤 유사성을 띤 것들로 표현된다(최영민, 2010).

꿈 내용에 어린 시절의 인상이 나타난다는 것은 프로이트 이전의 꿈 연구가들 또한 공통적으로 주장해 온 내용이다. 꿈 내용에는 어린 시절의 인상이 등장하지 않는 경우가 태반인데 이는 꿈 내용과 함께 꿈을 이루는 또 하나의 꿈, 즉 꿈 사고를 통해 입증할 수 있다. 꿈 사고로 주의를 돌리면 놀랍게도 전혀 예측하지 못한 내용의 꿈도 어린 시절의 체험과 관계가 있음을 확인할 수 있다. 어린 시절의 사건은 꿈 내용에서 암시로 대체되는 것이 일반적이다. 더 나아가서는 꿈을 자극하고 꿈을 통해 성취하는 소원조차 어린 시절에서 유래한다는 것을 알게 된다. 놀랍게도 꿈속에서 어린이는 그 충동과 더불어 계속 살아 있다.

(4) 억압된 유아 욕망은 꿈 형성에 어떤 영향을 미치나?

프로이트는 이 명제를 증명하기 위해 많은 꿈을 인용하여 분석했으며, 그중에서도 특히 자신의 꿈 네 편을 상세히 분석하였다. 그는 분석을 통해 복잡한 그물망처럼 얽힌 꿈 사고 흐름들이 유서 깊은 소원이라는 하나의 줄기로 향하고 있음을 확인하였다.

모든 꿈에 어린 시절의 기억이 연관되는 이유는 특별한 기억 속에 유서 깊은 소원이 살아 있기 때문이다. 유서 깊은 소원은 말로 할 수 없는 무의식적 소원을 담고 있으며, 유사성에 따라 낮의 잔재가 일깨우는 전의식적 소원들과 접속한다. 그리고 꿈 작업은 이 두 종류의 소원을 성취시킨다.

프로이트가 상세하게 분석한 자신의 꿈 네 편 중 두 편을 소개한다. 여기에 꿈 사고 전체를 인용하지는 못하며 꿈 사고의 부분적인 인용이나 요약은 꿈을 이해하는 데 걸림돌이 될 수도 있지만, 꿈속에 살아 있는 어린 시절의 소원 동기를 찾는 데 의의를 두고자 한다.

"첫 번째 꿈: 꿈을 자극하는 소원이 현재의 것이고 유년 시절의 기억에 의해 강화된 예로서, 로마에 가고 싶다는 동경에서 비롯된 네 차례의 꿈이다. 로마는 세계의 중심으로 묘사된다. 프로이트는 로마에 가고 싶은 네 차례의 소원이 열렬히 추구하던 다른 소원을 대신하면서 그것을 은폐하는 역할을 하는 것에 대해 분석한다. 그가 열렬히 추구하는 소원은 언제 형성되었을까? 유대인인 프로이트는 김나지움 시절 학우들의 반유대적 움직임을 접하면서, 로마에서 전 세계가 자신을 기다린다는 명분 아래 캄파니아로 진군한 한니발을 숭배한다. 이때 강인한 유대인 기질의 사령관 한니발이 소년 프로이트의 심리 안에 확고하게 자리 잡는다.

로마 입성이 인생 최대 소원인 한니발과 로마에 가고 싶은 꿈을 네 번이나 꾸는 프로이트, 두 유대인은 로마에서 전 세계가 자신을 기다리기 때문에 로마를 소원하고 동경한다. 전 세계적인 영웅이 되고 싶다는 프로이트의 소원은 로마에 가고 싶다는 사소한 소원으로 이동하면서 은폐된다.

프로이트의 꿈 사고는 더 먼 어린 시절의 기억으로 거슬러 올라간다. 그는 '건장한 키 큰 남자'인 자신의 아버지가 기독교인에게 멸시당했다는 것을 전해 듣고, 그 상황을 한니발의 아버지 하밀카르가 로마인에게 복수를 맹세하는 장면으로 대치했던 것을 기억해 낸다. 이 심리적 사건의 매개물은 더 먼 유년 시절로 거슬러 올라가는데, 프로이트가 글을 읽게 된 이후 처음으로 읽은 책에 나온 인물인 유대인 출신 집정관 마나세를 좋아했던 장면이다. 여기에는 프로이트와 마나세가 100년을 간격으로 정확히 같은 날 태어났다는 우연도 겹친다. 그의 꿈 사고는 어린 시절로 깊숙이 들어갈 뿐만 아니라 한니발을 따라 알프스를 넘은 나폴레옹까지 확산되며, 이를 통해 한니발-나폴레옹-프로이트로 이어지는 꿈 사고의 맥락을 짐작할 수 있다.

프로이트는 이 꿈 해석의 말미에서 그의 영웅 숭배의 배경이 생후 3년 동안 한 살 연상의 친밀한 소년(프로이트의 조카)과 싸우고 노는 과정에서 힘이 약한 자신이 품게 된 소원까지 거슬러 올라간다. 꿈 사고에는 이 시기의 기억까지 표현되지만 그것은 이미 의식적인 것이다. 무의식적 소원이란 말할 수 없는, 말로 표현할 수 없는 것이다." (프로이트, 「꿈의 해석」에서 인용)

"두 번째 꿈: 프로이트는 휴가여행에서 튜 백작이 차표를 보여 달라는 역무원을 말없이 손을 흔들어 물리치는 모습과 그와 안면 있는 사람 역시 신분을 내세워 반값으로 일등칸 좌석을 얻어 내는 모습을 목격하고는 도도하고 호전적인 기분이 되어 대담하고 혁명적인 생각들을 떠올린다. 그와 대조적으로 프로이트 자신은 요금을 모두 지불하고 일등칸을 지정받았지만 화장실을 사용할 수 없는 칸이다.

그날 밤 프로이트는 꿈을 꾸고 소변욕 때문에 잠에서 깨어난다. 이 꿈 역시 여러 꿈 사고들이 얽혀 있는데 그는 여러 장면에서 상세한 분석을 자제한다. 이 꿈에 대해 프로이트는 '문제는 분석 결과를 숨겨야 하는 이유가 아니라 꿈의 실제 내용을 나 자신에게 은폐하는 내적 검열의 동기이다. 그 때문에 나는 분석결과 꿈의 세 부분이 뻔뻔한 허풍, 깨어 있을 때는 오래전 억압한 우스꽝스러운 과대망상의 표출이라는 것을 인식할 수 있다. 이 과대망상은 꿈 내용의 곳곳에 드러나며 꿈꾸기 전날 저녁의 도도한 기분을 충분히 헤아리게 한다. 더욱이 전체적으로 모든 곳에서 허세가 엿보인다.'라고 말한다. 낮의 잔재가 과대망상적인 소원을 일깨웠다면 이것은 무의식적 소원의 지원을 받은 것으로 보인다. 그의 과대망상적인 꿈 사고는 거슬러 올라가서 닿는 '꿈을 분석하기로 결정한 계기가 되는' 두 사건을 떠 올리는 요소를 끄집어내는데, 그 지점을 짚어 본다.

하나는 프로이트가 두 살 때 일로 기억속의 이야기가 아니라 들은 이야기이다. 두 살이었던 프로이트는 때때로 침대를 오줌으로 적셨고 그 때문에 꾸지람을 듣자 근사한 붉

은색, 새, 침대를 사 주겠다는 약속으로 아버지를 위로한다. 그 약속에는 어린아이의 과대망상이 담겨 있는데, 정신분석에서 침대에 오줌을 싸는 것과 공명심이라는 성격적 특징은 밀접한 관계가 있다.

또 하나는 프로이트가 상세히 기억하는 내용이다. 일고여덟 살 무렵 그의 집에는 침실에서 용변을 보아서는 안 된다는 금기가 있었는데, 어느 날 금기를 어긴 프로이트에게 아버지는 그런 녀석은 아무것도 되지 못한다며 크게 나무란다. 이에 대한 꿈 사고로 프로이트는 '이는 틀림없이 내 공명심에 엄청난 모욕이다. 이 장면은 두고두고 꿈에서 암시되며, 그럴 때마다 나도 자신의 업적과 성공을 보란 듯이 열거한다. 마치 나도 이만하면 성공했다는 듯이 말이다.'라고 기술한다.

더 나아가 프로이트는 이 사건이 제공한 꿈 장면을 이렇게 말한다. '중년 남자는 아버지가 분명하다. 그가 한쪽 눈을 실명한 것이 아버지가 한쪽 눈에만 걸린 녹내장을 의미하기 때문이다. 내가 옛날에 아버지 앞에서 그랬던 것처럼 아버지는 내 앞에서 소변을 본다. 나는 약속을 지켰다는 듯, 그의 녹내장 수술에 도움을 준 코카인을 그에게 상기시킨다. 게다가 나는 그를 놀리기까지 한다. 눈이 보이지 않는 그에게 소변 병을 받쳐 주고, 내가 자랑스러워하는 히스테리 이론에 대한 지식을 마음껏 암시한다." (프로이트, 「꿈의 해석」에서 인용)

두 꿈의 꿈 사고에서 실현되는 소원은 모두 어린 시절에서 기원한다. 자신을 한니발과 동일시하면서 세계를 무릎 꿇리는 소원, 아버지에게 복수하면서 자신의 성공을 보란 듯이 자랑하는 소원, 둘 다 다분히 자기애적이며 과대망상적인 소원이다. 어린 시절의 소원이 꿈에서 필수인 이유는 무의식적 소원을 담고 있기 때문이다. 그러나 프로이트가 놀랄 만큼 솔직하게 분석한 두 꿈에서 드러난 소원들은 모두 말로 표현할 수 있는 전의식적 소원들이다. 무의식적인 소원은 있는 그대로 드러날 수 없으며 더구나 말로 할 수 없는 소원이다. 프로이트가 여러 곳에서 꿈 사고를 멈춘 것은 개인사의 노출을 꺼린 이유도 있지만 말로 할 수 없기 때문이기도 하다.

4) 꿈 해석 과정의 도식

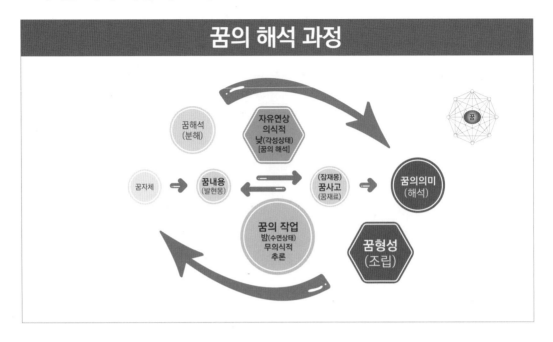

(1) 꿈의 잠재내용이 발현되는 세 가지 범주

첫 번째, 의식적인 생활에서 직접 빌려온 것처럼 보이는 명확하고 합리적인 꿈이다. 이런 꿈은 꿈의 작업 과정 없이 만들어짐으로 해석하지 않는다. '편리적인 꿈' 이라고 부른다.

두 번째, 논리가 정연하고 조리가 있으며 의미가 분명하면서도 우리를 몹시 놀라게 하는 꿈이다. 이런 꿈은 의도하지 않는 꿈이다.

세 번째, 꿈의 의미도 조리도 없는 꿈이다. 지리멸렬하고 애매하고 불합리한 꿈으로 대부분이 여기에 속한다.

두 번째와 세 번째 범주의 꿈만 중요성을 띤다고 말할 수 있으며, 이 꿈들에서 마주치는 수수께끼 같은 발현 내용을 잠재 내용으로 해석할 수 있다.

(2) 꿈 생산의 세 층위

꿈의 생산에는 '생산자 - 물건(상품) - 소비자'의 세 층위가 있다. 생산자는 상품을 만들며, 소비자에게 유통하기 위해 상품을 만들려면 꿈의 재료가 있어야 하고, 그 다음에 꿈의 작업 기재가 있어야 한다. 꿈이 만들어지려면 원리가 있어야 한다. 원리는 꿈이 만들어지는 일종의 설계도면, 즉 꿈의 작업이다. 꿈의 작업을 움직이려면 재료와 에너지가 필요하며, 이 모든 것이 총체적으로 꿈의 역학이다. 따라서 우리는 꿈의 작업을 할 때 전체적인 꿈의 해석 이론에 의거하여 이 꿈의 작업이 어디에 위치하는지 정확하게 파악해야 한다 (압축, 전치, 형상화, 이차가공).

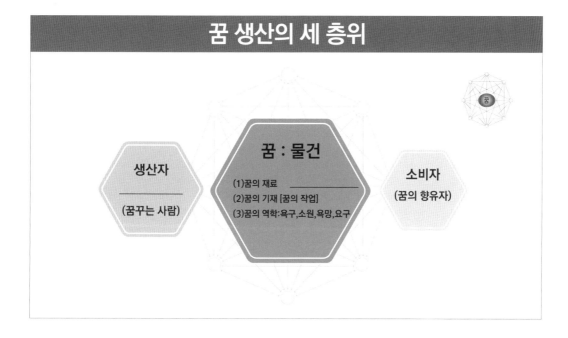

(3) 꿈의 재료

꿈의 재료는 크게 세 가지로 나눌 수 있는데 첫 번째는 내외적인 자극, 두 번째는 주간 잔재, 세 번째는 어린 시절 억압된 욕망의 기억이다.

첫 번째로 내외적인 자극은 다시 내적인 자극과 외적인 자극으로 나누어지며, 내적인 자극은 외적인 자극과 달리 억압되지 않는다. 내적인 자극은 인간이 생명을 유지하기 위해 반드시 충족시켜야 하는 강제적인 것이다. 예를 들어 배고픔은 억압되지 않는다. 죽느냐, 사느냐 하는 문제이기 때문이다. 소변욕도 억압되지 않는다. 억압되는 것은 오로지 어린 시절의 무의식적인 욕망의 기억뿐이다.

우리는 자면서도 내외적인 자극을 지각한다. 이는 잠자는 동안에도 의식적 지각이 활동한다는 것을 의미한다. 꿈은 무의식이 아니다. 무의식과 의식적 자아의 의식적 지각에 따른 변증법적인 타협 형성물이다. 먼저 외적인 자극은 밖에서 일어나는 물리적 현상인 소리 및 물건 같은 것이 자기 몸을 자극하는 것이다. 이러한 자극이 꿈에 들어오는 한 사례로, 밖에서 싸우는 소리를 들으며 자는 사람이 남들이 싸우는 꿈을 꾸는 것을 들 수 있다. 또 다른 예로 자는 동안 옆 사람이 무거운 다리를 나의 허벅지에 올려놓으면, 외적으로 무엇인가 엄청나게 무거운 물건이 나의 몸을 누르는 것을 지각하면서 거대한 바위틈에 발이나 몸이 끼어 눌리는 꿈을 꾸게 된다. 이렇듯 외적인 자극은 환각적인 꿈으로 나타난다. 내적인 자극은 생리적 자극을 말한다. 즉, 내적인 욕구를 가리킨다. 내적인 자극에는 생리적 본능인 배고픔, 갈증, 소변욕만이 있는 것이 아니라 임신, 지병 등 신체 현상도 있으며 심리적인 내부 현상들도 포함된다.

두 번째로 주간 잔재가 있는데 잔재는 찌꺼기라는 뜻이다. 낮에 우리는 의식이 깨어 있는 각성 상태로 일상생활을 하며 여기서 나오는 찌꺼기가 꿈의 재료가 된다. 사람들은 하루 24시간 동안 생활한다. 24시간 중 낮에 활동하는 시간을 열 시간이라고 할 때 그중에 기억하는 시간을 따지면 몇 분도 채 안 될 것이다. 그렇다면 기억하지 못하는 부분은 다 사라지는 것일까? 그렇지 않다. 사라지는 것이 아니라 어렴풋한 기억 흔적으로 남는다. 이것을 일종의 주간 잔재라고 한다. 주간 잔재는 비교적 의식 가까이에 있는 최근의 기억이며, 명확히 기억하지 못하고 흔적처럼 남은 전날의 기억이다. 어렴풋한 흔적과 같다고 해서 찌꺼기라는 용어를 쓴다. 주간 잔재는 꿈꾸기 전날에 일어났던 일이나 상황까지 포함한다.

세 번째로 어린 시절 억압된 욕망의 기억은 프로이트에 따르면, 우리는 사회적으로 받아들여지지 않거나 도덕적으로 금기시되는 욕망과 충동을 억압한다. 이러한 억압된 내용은 의식적인 마음에서 멀어지지만, 완전히 사라지는 것은 아니다. 대신, 이 억압된 욕망은 무의식 속에서 생존하며, 꿈을 통해 의식의 표면으로 다시 나타날 수 있다. 어린 시절의 억압된 욕망은 특히 강력한 꿈의 소재가 될 수 있다. 프로이트는 어린 시절에 경험한 감정적 충동이나 미충족된 욕구가 성인이 되어서도 우리의 무의식 속에서 영향을 미치며, 이러한 내용이 꿈을 통해 표현될 수 있다고 보았다.

① 꿈 자체, 꿈 내용

사람이 잠잘 때 꾸는 꿈을 꿈 자체라고 한다. 보통 사람은 하룻밤에도 다섯 번 내지 여섯 번 꿈을 꾼다. 밤에 꾼 꿈은 일회적이어서 꿈속으로 영원히 사라져 버린다. 꿈 자체를 다시 만나는 것은 불가능하다. 우리는 꿈 자체를 이야기하지만 아침에 일어나면 꿈을 잘 기억하지 못한다. 그렇다면 꿈을 어떻게 해석해야 할까? 예를 들어, 어젯밤에 꿈을 꾸었는데 잠에서 깨니 생각나는 내용이 있다고 하자. 이때 그 내용을 생각나는 대로 기록한 것을 꿈 내용이라고 한다.

그러면 꿈 내용과 꿈 자체는 어떻게 다를까? 꿈 자체는 어젯밤에 잠을 자면서 꾼 꿈 전체 그 자체이다. 꿈 자체는 동영상으로 보는 한 편의 영화에 비유할 수 있고, 꿈 내용은 잠에서 깨자마자 꿈 자체에 대해서 떠오르는 내용을 적은 것이라고 할 수 있다. 따라서 꿈 내용은 꿈 자체의 부분 집합이자 일부분에 해당한다. 많은 사람이 꿈 내용을 기록하려고 해도 이상하게 일부분밖에 기억이 안 난다고 말하는데, 이는 당연하다. 꿈 자체를 온전하게 100% 기억하는 경우는 있을 수 없기 때문이다. 꿈 내용에서 중요한 것은 잠에서 깨어나서 생각나는 일부분을 있는 그대로 솔직하게 기록하는 것이다.

꿈 자체와 꿈 내용의 관계는 전체와 부분의 관계를 넘어서 또 다른 관계를 지닌다. 예를 들어, 영화관에서 영화를 보고 나와서 영화에 대해서 이야기하는 것은 꿈 자체와 꿈 내용은 어떤 측면에서 보면 영화와 말과의 관계의 관계가 있다. 꿈 자체는 영화관에서 직접 영화를 본 그 경험 이것을 꿈 자체라고 한다면 꿈 내용은 영화관에서 나와서 그 영화에 대해서 기억나는 것을 말로 전하는 것이다. 따라서 말로 된 영화가 되는 것이다. 꿈 자체는 영상 이미지를 주된 매체 매개수단으로 하는 데 비해서 꿈 내용은 말을 매체 수단으로 한다.그렇기 때문에 꿈 자체를 영화에 비유한다면 꿈 내용은 일종의 글이자 말이자 그리고 문학에 해당한다라고 말할 수 있다.

② 꿈 사고와 의미

꿈 사고는 위에서 설명한 세 가지 꿈의 재료 중에서 어린 시절 억압된 욕망의 기억 중 하나에 가장 가깝다. 꿈 사고는 꿈 재료의 일종이다. 꿈 재료 중에서 꿈의 가장 중요한 동인이 되는 것이 어린 시절의 기억이고, 그중에서도 억압된 욕망이 스며있는 기억인데 이것을 꿈 사고라고 말한다. 이렇듯 꿈 사고와 꿈 재료의 개념에는 약간 차이가 있음을 알아야 한다. 꿈 해석 과정에서 우리가 찾아가는 것은 어린 시절의 억압된 기억이다.

다음으로 알아야 할 것은 꿈 내용이 어젯밤에 실제적으로 내가 잠자면서 보았던 일종의 현상이 드러난 것이라는 점이다. 따라서 이를 현상적인 꿈이라고 하며, 프로이트는 꿈의 해석에서 이를 현재몽이라고 한다.

꿈 사고는 잠재적인 꿈이자 그 꿈에 대한 과거의 기억인데, 그 과거의 기억이 사실은 꿈 내용의 원인이 된다. 꿈 사고를 통해 꿈의 의미에 도달했을 때 우리는 이렇게 이야기한다. "아! 이래서 내가 이 꿈을 꾸었구나." 결국 꿈 사고를 통해 도달한 최종적인 수렴점에서 꿈의 의미는 꿈의 원인이기도 하기 때문에, 꿈 자체와 꿈 내용은 이 원인의 결과물이라고 말할 수 있다. 따라서 꿈 사고는 꿈 내용에 잠재된 일종의 원인으로서의 꿈이다. 프로이트는 이것을 잠재몽, 즉 잠재적인 꿈이라고 말했다.

프로이트는 꿈 사고를 하나의 내용이 서로 다른 언어로 번역된 텍스트와 같다고 보았다(프로이트, 「꿈의 해석」에서 인용). 꿈 내용은 하나의 내용을 두 개의 언어로 묘사하는 것과 같다. 더 정확히 말하면 꿈 내용은 꿈 사고를 다른 표현 방식으로 옮겨 놓은 것처럼 보인다. 꿈 사고가 원인이고 꿈 내용이 결과물이기 때문에 꿈 내용이 꿈 사고를 다른 방식으로 옮겨 놓았다고 본 것이다. 꿈의 해석은 동일한 내용이 독일어, 한국어, 또는 일본어 또는 영어 이런 식으로 서로 다른 텍스트로 되어 있기 때문에 서로 다 같은 관계이다. 마찬가지로 잠재적인 꿈 사고는 생산 텍스트이다. 꿈 사고가 원인이 되어서 꿈 내용을 꾼 것이기 때문에 꿈 사고에 의해 꿈 내용이 생산되었다고 할 수 있다. 꿈 내용과 꿈 사고는 꿈을 꾼 사람 자신만이 알 수 있다. 이에 프로이트는 "꿈을 해석할 수 있는 사람은 꿈꾼 사람 자신뿐이다."라고 말했다.

꿈 자체에서 꿈의 의미로 가는 것이 꿈의 해석 과정이다. 그런데 꿈의 해석 과정은 언제 일어날까?

꿈 사고는 꿈 내용에 대해 떠오르는 생각을 기록하는 것이기에 시간이 지나서 해도 된다. 심지어 프로이트는 20년이 지난 뒤에야 자기 꿈을 분석한 사례도 있다(1896년 덮개 기억에 대하여). 결국 꿈 내용을 솔직하게 기록하는 것이 중요하다. 꿈 사고는 언제든지 가능하다. 꿈 사고를 찾아가는 것은 각성 상태인 낮에 이루어진다. 의식적인 낮의 각성 상태에서의 방법론은 각각의 구성 요소에 대한 자유연상을 따라가 보는 것이다. 이 과정에서 꿈 내용을 떠올릴 때 떠오르지 않는 꿈 자체의 내용도 있을 수 있고, 꿈 내용에 대해서 꿈 사고가 전혀 떠오르지 않는 경우도 있다. 이것이 바로 꿈 사고는 시간이 지난 이후에 해도 된다고 하는 이유이다. 오래전에 기록했던 꿈 내용에 대해서 아무런 자유연상도 떠오르지 않다가 몇 년 뒤에 뜬금없이 갑자기 떠오르는 경우도 있다.

꿈의 해석은 의미를 찾아가는 것이기도 하지만 그와 동시에 꿈의 원인을 찾아가는 것이기도 하다. 꿈 내용에서 꿈 사고로 가는 과정을 구성 요소로 풀면 분해하는 과정이 되고, 꿈의 의미가 원인이라면 이 꿈 자체와 꿈 내용은 결과물이 되며, 꿈의 의미인 꿈의 원인에서 꿈 자체로 가는 과정은 조립 과정이 된다. 이것이 꿈이 만들어지는 과정이다.

꿈 작업의 모든 과정은 프로이트가 처음으로 만든 개념적 도구이며 꿈이 만들어지는 과정이다. 그러므로 꿈 작업은 조립 과정이라 할 수 있다. 다시 말해 꿈 사고에서 꿈 내용으로 가서 꿈 자체로 가는 과정은 꿈 작업이며 수면 상태에서 일어나고, 그 과정을 의식할 수 없는 무의식적 과정이다. 반면에 꿈 해석 과정은 의식적 과정으로, 뜬금없이 갑자기 떠오르는 생각인 자유연상이 일종의 방법론이 된다.

꿈이 만들어지는 과정은 꿈 해석 과정을 미루어 추론하는 역추적 과정이라고 할 수 있다. 논리적으로 꿈 작업은 꿈 해석의 역과정으로서 꿈 작업을 추리하는데, 이를 통해 꿈 작업의 메커니즘을 발견한 것이 프로이트이다. 꿈 내용과 꿈 사고를 통해 마지막으로 꿈의 의미에 도달하는 지점이 많이 다르며, 꿈을 해석하는 과정과 꿈이 만들어지는 과정은 순환식이라는 것을 알 수 있다(임진수, 2021).

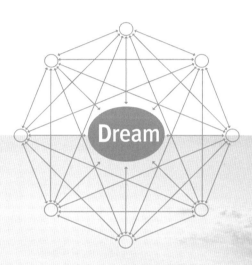

제 **5**장

꿈 작업

5. 꿈 작업

꿈 작업이란 꿈이 만들어지는 무의식적인 원리이다. 프로이트의 「꿈의 해석」에서 가장 많은 분량을 차지하는 부분이 바로 꿈 작업이다. 프로이트에 따르면 꿈 작업만이 꿈의 본질이며, 꿈 작업은 꿈 사고에서 꿈 내용을 만들어내는 과정이다. 반대로 꿈 분석은 어떤 꿈 작업에 의해 꿈 내용이 나타났는지를 이해하는 과정이다. 그 끝에서 우리는 꿈 사고, 즉 무의식의 진실을 만나게 된다.

꿈 작업은 다시 압축, 전치, 형상화, 이차가공이라는 서로 다른 네 가지 방법으로 구성된다. 아주 많은 내용을 단어 하나 또는 단어의 일부분에 해당하는 조각에 응축하는 것을 압축이라고 한다. 중요한 조각과 중요하지 않은 조각이 자리를 바꾸어 나타나는 것은 전치이다. 꿈속 감정은 자리 바꾸기, 즉 전치와 관련될 수 있다. 사랑하는 사람에게 불같이 화를 낸다거나 미워하는 사람에게 사랑한다고 고백하는 등 말도 안 되는 부조리한 꿈들이 여기에 해당하며, 꿈은 정반대라는 말도 여기에서 나온다. 슬픈 꿈인데 그 슬픔이 사실은 진짜 내용을 위장하는 데 사용되는 경우도 전치와 관련된다. 중요한 부분이 별것 아닌 듯 언급되고 그리 중요하지 않은 부분이 부각되는 것도 전치 과정이다.

꿈속에서는 말도 안 되는 이름이 나타나기도 하고 계산이나 시간의 흐름이 뒤바뀌는 등 부조리한 부분들이 나타나기도 한다. 꿈은 불합리하고 부조리한 것들을 마치 논리적인 것처럼 펼쳐 놓는데, 이때도 역시 압축과 전치가 사용된다(임진수, 2021).

1) 압축

(1) 정의

꿈 사고는 여러 요소가 꿈 내용에서는 하나로 집약되어 나타나는 현상으로 꿈 사고의 여러 요소가 꿈 내용을 구성 요소로 분해해서 각각의 구성요소에서 자유연상을 펼쳐 간다. 그러면 꿈 사고가 무한히 확산될 것 같지만 하나로 모아진다. 꿈 사고는 꿈 내용보다 떠오르는 생각이 많을 수밖에 없다. 확산적인 것이다. 그러므로 여러 꿈 사고의 요소가 하나로 집약되는 것은 묶여서 꿈 내용에서 하나로 나타난다는 것이다. 이것이 압축이다. 컴퓨터 파일 중에 압축파일이라는 게 있다. 보통 덩치가 큰 파일 여러 개를 하나로 묶어 용량을 줄인 후 보관하거나 전송하는 데 쓰며, 쓸 때 다시 압축을 풀면 원래대로 파일 여러 개로 분리되면서 용량이 커진다. 압축은 이와 비슷하게 이미지를 묶어서 하나처럼 만드는 과정이다.

꿈 이미지는 간단해 보이지만 여러 개의 서로 다른 이미지가 포개져 있는 경우가 많아서 해석하다 보면 내용이 훨씬 복잡해진다. 이는 겉으로 드러난 꿈이 핵심 이미지만 살짝 보여준다는 말이 아니고, 언제나 압축을 거치기 때문에 간단한 이미지가 사실은 여러 내용을 포함하고 있다는 뜻이다(김석, 2022).

(2) 압축 작용과 예시

〈이르마의 주사 꿈〉
"나는 넓은 홀에서 여러 손님을 접대하고 있다. 손님 가운데 내 환자 이르마 부인이 보이기에 나는 그녀를 구석으로 따로 데리고 가 얘기를 나눈다. '이르마 부인, 아직도 아픈 것 같네요. 내 처방대로 하지 않았기 때문입니다.'라고 나무라자 이르마 부인은 '선생님, 제가 지금 위장과 배가 얼마나 아픈지 아세요?' 하고 언짢게 대답한다.
자세히 보니 얼굴도 창백하고 퉁퉁 부어 있다. 나는 그녀의 몸에 다른 병이 있는데 혹시 내가 모르고 지나친 것은 아닐까 하고 걱정한다. 그래서 진찰을 위해 입을 벌려 보라고 말한다. 처음에 이르마 부인은 마치 틀니를 낀 여자들처럼 창피해하면서 거부하더니 입을 크게 벌린다. 목 안을 보니 오른쪽에 커다란 하얀 반점이 보이고, 반대편에는 회색의 주름이 진 큰 딱지가 있다.
나는 당황해서 급히 동료 의사 M을 부른다. M의 모습은 평소와 달리 창백하고, 다리를 절며 턱수염도 없다. 또 다른 친구 오토와 레오폴트도 이르마를 보러 온다. M이 말한다. '아무래도 감염된 것 같아. 아마 별일은 아닐 거야. 이질 증상이 나타나면서 설사를 통해 병균이 배출될 거야.' (프로이트, 「꿈의 해석」에서 인용)

프로이트는 꿈꾸기 전날 친구 오토에게 이르마 부인의 건강 상태에 대해 들었으며 밤늦게까지 진찰기록을 정리했기 때문에 이르마 부인을 꿈에서 다시 본 것 같다고 분석하였다. 하지만 그의 꿈에 등장하는 인물들은 꿈의 이미지 자체가 아니라 다른 사람들이기도 하다. 이것은 압축 때문에 가능한데 이르마의 꿈에서 굵은 글씨로 강조한 단어는 이미지들이 어떻게 연결되는지 잘 보여준다.

꿈에서 이르마의 얼굴은 창백하고 퉁퉁 부어 있었지만 실제로 이르마의 얼굴은 늘 불그스름했다. 틀니를 낀 여자의 이미지도 프로이트가 얼마 전 진찰한 어떤 여자 가정교사와 관련이 있다. 그녀는 얼굴이 예쁜 편이었지만 의치 때문에 입을 벌려 보라고 하자 망설이면서 거부했다. 이르마의 이미지에는 그 여자 가정교사의 이미지가 겹쳐 있다. 또한, 이르마는 그가 아주 좋아하는 그녀의 친구를 대신한다. 어느 날 프로이트가 그 여자 친구 집에 갔을 때 그녀는 꿈속의 이르마처럼 창가에 서 있었다. 그리고 그녀의 주치의인 M이 그녀의 입안에 호흡기 질환인 디프테리아 때문에 생긴 설태가 끼어 있다고 설명했다.

프로이트가 진찰한 이르마 입안의 반점은 이 상황을 보여준다. 하얀 반점은 2년 전 프로이트의 큰딸이 앓았던 중병의 증상이기도 한데 이렇게 보면 이르마는 그의 장녀이기도 하다. 우연히 딸아이와 이름이 같은 여성 환자가 병으로 죽은 적이 있는데 이런 걱정이 꿈에서 병에 걸린 이르마의 이미지를 통해 표현된 것이다. 결국 이르마는 병 때문에 걱정하던 사람들, 프로이트와 관계된 모든 여성의 공통적 이미지를 표현하고 있다.

그렇다면 M은 왜 등장했을까? M은 이르마의 친구를 진찰한 의사이기 때문에 꿈에 등장했다. 꿈에서는 프로이트가 이르마를 진찰했지만 실제로는 M이 그녀 친구의 입안을 진찰했다. 창백하고 턱수염이 없으며 다리를 저는 친구 M의 얼굴은 외국에 있는 프로이트 이복형을 연상시킨다. 그 형은 턱수염을 깨끗하게 밀고 다녔으며 꿈속의 M과 비슷하게 생겼다. 최근 들은 소식으로는 관절염 때문에 다리를 전다고 한다. 결국 친구 M은 실제 친구의 이미지이자 프로이트 이복형의 이미지이기도 하다. 두 사람이 최근에 프로이트의 부탁을 거절해서 몹시 기분이 상했는데 그러한 감정이 꿈에서 두 사람을 창백한 하나의 모습으로 보여준 것이다.

이상에서 본 것처럼 꿈의 이미지는 여러 사람의 이미지는 물론 그들과 얽힌 중요한 사건들을 동시에 암시한다. 이미지에 덧붙은 힌트를 출발점으로 주의 깊게 분석해 보면 이처럼 많은 내용을 읽을 수 있다.

(3) 압축의 중요성

지금 본 것처럼 겉으로 드러난 꿈은 간단하지만 거기에는 많은 무의식적 감정, 소원, 기억이 겹쳐 있다. 압축은 엄청나게 많은 이야기를 몇 개의 이미지로 모아서 표현할 수 있기 때문에 경제적이며, 이를 통해 의식의 검열도 피할 수 있어서 무의식이 즐겨 사용하는 메커니즘이다. 꿈을 만약 글로 쓴다면 길어야 반 페이지를 넘지 않지만 진정한 소망인 꿈 사고는 그 몇 배의 내용을 담을 수 있다.

꿈 작업은 무의식의 공장에서 일어나는 압축이며, 꿈 해석은 의식이 이해할 수 있도록 압축된 꿈을 푸는 작업이다. 그런데 꿈을 해석할 때 분석가 혼자 하는 것이 아니라, 환자가 자신이 본 이미지를 떠오르게 하는 다른 사건이나 이미지를 자유롭게 말하는 자유연상을 통해 공동으로 진행한다. 정신분석은 환자의 무의식이 스스로 비밀을 말하게 돕는다는 점에서 환자를 관찰의 대상으로만 삼는 일반의학과는 다르다.

무의식은 보통 억압되어 있어서 의식에 들어가는 길이 차단되어 있기 때문에 자신을 드러낼 때 변형을 거치는데 이 때문에 압축이나 전치에 의존한다. 또 압축은 보통 이미지를 대상으로 하지만 단어에 대해서도 작용한다. 무의식은 언어와 사물을 구분하지 않기 때문이다. 그래서 꿈에서는 엉뚱한 이미지도 많이 보이고 기상천외한 낱말들도 만들어진다.

예를 들어 어떤 여성 환자는 남편과 축제를 보다가 "저것은 전체적으로 '마이스톨츠(Maistollmütz)'가 될 거예요."라고 말하는 꿈을 꾸었다. 이 새로운 단어도 그 자체는 뜻이 없지만 분석해 보면 '옥수수(Mais)', '미친(toll)', '올미츠(Olmitz)'가 합성되어 한 단어처럼 사용되었다. 이 낱말들은 환자가 낮에 친척들과 식사하며 나눈 얘기에서 사용한 것으로, 각각의 단어는 이 환자의 감춰진 무의식을 보여주는 키워드 역할을 한다.

압축은 복잡한 무의식들을 시간과 공간을 초월해서 표현하기 위해 사용되는 것으로 무의식이 얼마나 영리하게 자신의 목적을 달성하는지를 잘 보여준다(김석, 2022).

(4) 압축 과정

꿈 사고의 공통된 요소는 꿈 내용에 선명하게 나타나고 그 외 요소들은 희미하게 나타나거나 지워진다. 중요한 것은 여러 요소가 하나로 묶이려면 공통성을 매개로 한다는 것이다. 여러 꿈 사고의 여러 요소를 여러 가지 끈으로 비유해 보면 여러 끈이 하나로 묶여 들어가려면 매듭을 맺어야 한다. 꿈 사고의 공통된 요소는 일종의 여러 요소의 매듭과 같다. 매듭은 여러 끈을 하나로 묶이는 장소이다.

중첩이라는 개념도 압축을 특징짓는 용어이다. 사진 기법 중에 골턴이라는 사람이 가족의 가계도를 만들 때 처음 사용한 기법으로 여러 조상들, 증조부, 조부, 아버지, 나, 형제들 사진의 필름들을 모아서 중첩한 다음, 인화지를 밑에 깔고 위에서 빛을 비춰서 인화하면 공통적인 부분은 선명하게 나타나고 나머지는 흐릿하게 나타난다. 이러한 사진 기법을 이용하면 한 집안에서 어느 부분이 유전적으로 가장 공통으로 닮아서 이어지는지를 알 수 있다. 이러한 중첩은 압축을 설명하는 좋은 예이다.

또 다른 예를 들어 보면 세상에는 기괴하게 생긴 상상의 동물이 많이 있다. 그중에서 대표적인 동물로 용을 들 수 있는데, 이 용이라는 상상 속 동물은 압축 작용의 대표적인 산물이다. 앞에서 언급했듯이 여러 요소가 하나로 묶여서 꿈 내용으로 들어가는 것이 압축 작용이라고 했다. 용을 보면 용의 몸을 구성하고 있는 모든 부위의 요소들은 전부 일상에서 볼 수 있는 것들이다. 예를 들어 피부는 물고기의 비늘로 되어 있고, 뿔은 사슴, 발톱은 독수리, 눈은 토끼, 코는 돼지, 머리는 낙타, 귀는 소, 목은 뱀을 닮았고 새의 날개를 가지고 있다. 현실에서 볼 수 있는 여러 요소들을 압축해서 하나로 집약한 것이다(임진수, 2021).

이런 압축 작용으로 생긴 꿈속에서 나타나는 대표적 산물인 압축 인물에 대해 알아보면, 꿈속의 한 인물은 사실 꿈 사고의 여러 사람의 특징이 공통으로 참여해서 만들어진 것이다. 예를 들어, 어젯밤에 분명히 누나 꿈을 꾸었는데 오늘 아침에 깨고 나니 어머니였다거나 어젯밤에 꿈꿀 때는 어머니라고 생각했는데 아침에 일어나니까 누나였던 식의 경험이 많을 것이다. 이것이 바로 압축된 집합인물이다.

어떤 사람이 꿈속에서 나타났다면 그 사람조차도 구성 요소로 분해해야 한다. 머리카락, 스타일, 코 등은 물론이고 안경을 썼는지 안 썼는지, 귀는 어떻게 생겼고 목소리는 어떠한지 등을 확인해야 한다. 꿈속에 나타난 인물을 A라고 생각하면서 꿈을 꾸었는데 그 꿈속에 나타난 인물 A가 현실에도 존재한다면 그는 일대일로 대응하지 않는다. 꿈속에 나타난 인물을 머리 스타일, 눈, 눈매, 귀, 목소리, 옷 등 모든 것을 여러 구성요소로 반드시 분해해야 한다. 그러면서 각각에 대해 떠오르는 생각을 추적해 보면, 꿈 내용의 한 인물이 꿈 사고에서는 여러 인물로 나타나면서 펴져 나간다. 이것이 집합인물의 특색이다.

프로이트는 꿈속에서 어떤 단어를 말했는데 현실에서는 쓰지 않는 말이었다고 하였다. 이런 것들을 우리는 '조어(造語)'라고 한다. 꿈속에서도 말을 만드는데, 앞에서 용이 다른 동물들의 여러 요소가 합쳐져서 만들어지는 것처럼 꿈속에서 만들어지는 말은 여러 단어가 합쳐져서 만들어진다. 다른 말로 하면 꿈속의 여러 인물이 하나의 인물로 합쳐져 집합인물을 이루듯이, 꿈속에서 만들어지는 새로운 말인 '신어(新語)'도 여러 단어가 합쳐져서 만들어진다. 지금까지 설명한 내용이 꿈 작업에서 가장 중요한 압축 작용이다(임진수, 2021).

여러 동물의 압축작용으로 만들어진 용

골턴기법으로 만들어진 사진

2) 전치

(1) 정의

꿈 사고에서 핵심적으로 강조된 요소가 꿈 내용에서는 사소한 요소로 등장하거나 전혀 나타나지 않고, 꿈 사고에서 강조되지 않던 사소한 요소가 꿈 내용에서는 가장 핵심적인 요소로 강조되는 현상이 전치이다.

무의식은 자신이 드러나는 것을 거부하는 성질이 있기 때문에 꿈이 무의식의 지름길이라고 해서 꿈을 보이는 그대로 해석하면 안 된다. 꿈의 이미지는 그것이 평소 연상시키는 것과 전혀 다른 내용을 암시하는 경우가 많으며, 엉뚱한 이미지를 통해 숨은 뜻을 표현하기도 한다. 이것은 이미지에 붙어 있는 감정, 기억, 에너지가 떨어져 나와 그것만 다른 이미지로 옮겨 갈 수 있기 때문에 가능하다. 프로이트는 이렇게 무의식의 소원을 표현하는 감정이 다른 대상으로 옮겨 가서 나타나는 과정을 '전치(displacement)'라고 하였다(김석, 2022).

(2) 전치 작용과 예시

꿈 사고가 그대로 꿈 내용이 될 수는 없다. 의식이 준비되지 않은 상태에서 무의식의 진실들이 한꺼번에 밀려오면 우리는 이를 감당할 수 없다. 물론 매우 성숙한 상태가 되면 검열이나 왜곡도 웬만큼 완화된다. 자신에게 거짓말하려고 하지 않아도 되기 때문이다. 미숙한 상태에서는 왜곡 과정이 더욱 심하게 진행되는데 이때 자주 사용되는 것이 전치 과정이다.

프로이트는 꿈 전치와 꿈 압축이 '꿈의 형태를 주조하는 두 가지 근본 요인'이라고 설명하였다. 전치 과정에서는 전혀 중요하지 않은 것을 전면에 내세워 그것에 시선이 머물게 하면서, 실제로 중요한 내용은 구석 어딘가에 감춘다(김서영, 2020).

전치는 꿈뿐 아니라 신경증 증상들의 원리도 설명해 준다. 예를 들어, 사랑하는 사람을 때리고 싶을 때 이를 억제하는 마음이 커지면 팔이 마비되는 현상이 나타날 수 있다. 그 사람에 대한 증오가 마비의 에너지로 바뀌면서 공격적 행동을 억제하는 것이다. 전치는 압축과 더불어 무의식의 법칙을 잘 보여주며 특히 압축이 일어나게 도와주는 역할도 한다.

〈풍뎅이 꿈〉
"그녀는 상자 속에 쌍무늬 풍뎅이 두 마리가 들어 있으며, 그대로 두면 숨이 막혀 죽을 수 있기 때문에 풀어주어야겠다고 생각한다. 그래서 상자를 열어 보니 풍뎅이들이 축 늘어져 있다. 잠시 후 한 마리는 기운을 회복해 창문을 통해 밖으로 날아가지만, 나머지 한 마리는 그녀가 창문을 닫고 있는 동안 그만 문에 끼여 죽는다. 곰곰이 생각해 보니 누군가 창문을 닫으라고 말한 것 같아서 갑자기 불쾌한 기분이 든다."(프로이트, 「꿈의 해석」에서 인용)

이 꿈은 남편에 대한 불만을 가진 부인이 꾼 꿈이다. 이 부인이 풍뎅이가 죽는 꿈을 꾼 것은 어린아이들이 동물들을 잔인하게 학대하는 장면을 많이 보기도 했고 전날 책에서 이런 내용을 읽었기 때문이다. 책에서 어린이들은 풍뎅이를 거칠게 다루고 심지어는 짓이겨 죽였다. 이 부인의 딸도 어렸을 적 툭하면 풍뎅이나 나비의 날개를 찢어서 죽인 적이 있다. 이 경우 곤충을 불쌍하게 여기는 감정이나 동물학대를 막지 못한 자책의 감정이 찌꺼기처럼 남아 밤에 꿈으로 나타날 수 있다. 하지만 우리는 전치를 통해 이 꿈을 꾼 부인의 속마음과 진정한 소망을 이해할 수 있다.

이 꿈의 주된 숨은 생각은 동물학대에 대한 가여움이나 죄책감이 아니라 남편에 대한 불만과 불화이다. '풍뎅이'를 활용하여 그런 기억에 얽힌 감정을 전치를 통해 표현하고 있다. 이 부인은 5월에 태어났고 결혼식도 5월에 올렸다. 그런데 5월을 뜻하는 독일어 Mai 는 쌍무늬풍뎅이의 이름인 Maikäfer와 아주 흡사하다. 결국 풍뎅이는 5월과 연관이 많은 부인의 이미지이기도 하다.

부인은 결혼 관계에서 행복을 느끼지 못하고 있는데 꿈꾸기 전날 처녀 시절 편지를 가족들에게 읽어준다. 이 편지 중에 자신을 사모했던 귀족의 편지도 있었는데, 바로 이런 옛 사랑의 기억이 꿈을 만드는 동기가 된 것이다. 부인이 기억하는 한 연극 대사 중에 "그대는 '풍뎅이'처럼 나를 사랑하는군요."라는 것도 있다. 결국 자신의 처지를 한탄하는 마음이 풍뎅이 이미지로 표현된 것인데 축 늘어진 모습은 이런 불만과 현재 부인의 안타까운 심정을 상징한다고 볼 수 있다. 창문을 열고 닫는 것은 남편과의 불화를 직접적으로 암시한다. 이 부인은 창문을 열어 놓고 자는 것을 좋아하지만 남편은 창문을 닫으려고 하기 때문이다. 꿈에서 누군가 창문을 닫으라고 말한 것을 듣고 불쾌한 기분이 든 것은 이런 갈등 상황이 빚은 감정을 보여준다. 여기서 풍뎅이와 창문은 부인의 감정을 대신 전달하는 이미지 역할을 하는데 이것이 바로 전치다.

남편과 성관계가 잘 이루어지지 않는 것도 암시되고 있다. 풍뎅이를 짓이기는 것은 알퐁스 도데의 소설에 나오는 약의 제조 방법으로 남자의 발기불능을 치료하는 데 사용한다. 이 꿈은 겉으로 보면 곤충들을 불쌍히 여기는 마음이지만, 사실은 무의식이 자신의 현재 처지와 숨은 욕망을 풍뎅이에 빗대어 표현한 꿈이다(김석, 2022).

(3) 전치의 역할

전치는 위에서 말한 것처럼 어떤 이미지에 붙어 있는 감정과 그러한 감정을 만드는 에너지가 다른 이미지로 이동하기 때문에 발생한다. 전치는 꿈 사고가 나타나는 것을 눈치채지 못하게 만들기 위해 이용되는데 주로 평범한 이미지를 동원하여 위장한다. 이렇게 하는 이유는 꿈의 잠재된 생각이 언제나 의식을 자극하는 강력한 힘을 발휘하며, 이것을 어떤 식으로든 표출해야 견딜 수 있기 때문이다. 그러나 무의식적 소원을 보여주는 이미지가 직접 표현되면 의식이 이를 억압하기 때문에 전혀 상관없는 것처럼 보이는 이미지에 그 힘을 이동시킨다. 이 과정에서 하나의 이미지에 많은 감정들이 중복되어 옮겨지는 것도 가능하므로 전치는 또 한편으로는 압축의 원인이 되기도 한다. 전치 때문에 의식은 꿈 사고를 전혀 눈치채지 못하며 결국 꿈 사고는 자신의 목적을 달성할 수 있다.

또한 전치는 방어 기능을 지닌다. 예를 들어 어떤 불안감이 우리를 자꾸 괴롭힐 때 거기에서 벗어나려고 해도 원인을 알 수 없기 때문에 힘든 경우가 많다. 이때 어떤 특정한 이미지에 그 불안한 감정을 전가하여 불안을 공포심으로 바꾸면 견디기가 쉽다. 공포에 관한 꿈을 꾸는 것이 어떻게 방어 기능을 하는지에 관해 의문을 가질 수도 있지만 이것은 불안을 극복하기 위한 수단이다(김석, 2022).

3) 형상화

(1) 정의

앞에서 잠재적인 꿈 사고가 외현적 꿈 내용으로 변화하는 과정에서 중요하게 작용하는 두 요인인 압축과 전치를 살펴보았다. 꿈에 이르게 하는 과정에서 중요한 영향을 끼치는 조건 중 또 다른 하나가 '형상화'이다. 낮 동안에 겪은 경험의 잔재는 꿈 형성에서 기본 재료가 되는데, 이 낮의 잔재는 우리의 무의식 속에 깊이 억압된 유아적 욕망, 소망, 갈등과 연결된다. 이렇게 낮의 잔재와 연결된 무의식 속의 잠재적 소망, 욕망, 갈등 등은 전의식의 검열에 걸리지 않도록 효과적으로 위장하기 위해서 왜곡 혹은 변환 과정을 겪는데, 이때 형상화 과정을 거치게 된다(김정현, 2008).

꿈은 억압된 표상으로 이루어진 우리의 무의식을 이미지화를 통해 형상물로 보여주기 위해 한 편의 영화처럼 각색되고 편집된다. 이렇게 우리의 무의식 속에 잠재되어 있던 꿈 사고들이 위장, 변형된 모습의 형상으로 드러나는 것을 형상화라고 한다. 형상화는 꿈 사고가 시각적 이미지로 재현되거나 묘사 가능한 꿈 내용으로 형성되는 것이라고 할 수 있다(이수진, 2020). 이렇게 형상화된 꿈은 우리가 쉽게 이해할 수 있을 정도로 일관성 있고 논리적이며 유연하게 구성될 수도 있고, 무엇을 말하려 하는지 전혀 알 수 없을 정도로 난해하고 혼란스러울 수도 있다. 그리고 꿈은 정서적 측면에서도 유쾌하거나 고통스럽게 느껴질 수 있으며 무심한 듯이 보이기도 한다. 이렇게 우리는 꿈의 형상화를 통해 '무의식'에 가까이 갈 수 있다(프로이트, 1932).

(2) 형상화 작업의 방법

형상화 작업에는 두 가지 방법이 있다.

첫째, 어떤 표상이 자신이 가지고 있는 이미지, 즉 표상 그대로의 형상으로 이동해서 표현되는 경우이다. 꿈 표상이 자신의 이미지로 이동해서 꿈 내용으로 진출하는 것을 말한다(이경희, 2020). 꿈 연구가 셰르너(K. A. Scherner)는 "꿈은 자극을 보내는 신체 기관을 그것과 비슷한 대상을 통해 묘사하려고 한다."라고 주장하였다. 예를 들어, 꿈에 등장하는 〈좁고 구불구불한 길〉은 신체 내장 기관의 자극으로 볼 수 있다(프로이트, 1917). 어떤 여인은 어렸을 적에 '하느님이 종이로 만든 고깔모자를 머리에 쓰고 있는 꿈'을 자주 꾸었다. 실제로 그녀는 어린 시절 식사를 할 때 모자를 쓰곤 하였는데, 어른들이 항상 그녀의 머리 위에 꿈에 나타난 것과 비슷한 모자를 씌워 주었기 때문이었다. 그녀가 다른 형제들의 접시에 더 많은 양의 음식이 있는 것은 아닌지 계속 훔쳐본다는 것이 그 이유였다. 또한, 그녀는 하느님은 전지전능하셔서 모든 것을 아시고 모든 것을 보신다고 들었기 때문에 "그 꿈에 등장한 하느님이 쓰고 있는 종이 고깔모자는 당연히 내가 하느님처럼 모든 것을 알고 모든 것을 볼 수 있다는 것을 의미할 뿐이죠."라고 말했다. 어렸을 적 그녀가 머리에 썼던 모자의 이미지를 그대로 이동해서 형상화한 것이다. 〈고깔모자 꿈〉의 표상은 표상 그대로의 이미지인 고깔모자의 이미지로 이동해서 꿈 내용에 등장한다. 이는 꿈 표상 그대로의 이미지화, 즉 꿈의 형상화이다(이경희, 2020).

둘째, 시각적인 형상을 통해 추상적 개념을 이미지로 형상화하는 경우이다. 꿈에 나타나는 꿈 요소들은 무의식의 한 부분인데 이것들을 따로따로 분리해서 보면 완전히 이해할 수 없는 것으로 변해 버린다.

프로이트는 그가 치료하는 한 환자의 꿈을 분석하였는데, 그 환자의 꿈에는 식탁과 함께 식탁에 둘러앉은 가족들도 함께 등장한다. 이 식탁에 대해 환자가 연상한 것은 어떤 집을 방문했을 때 이것과 똑같은 식탁을 보았다는 것이었고, 그 집에는 아버지와 아들 사이에 어떤 특별한 관계가 형성되어 있었다는 것이었다. 또한, 그는 그 자신과 그의 아버지 사이에도 그러한 관계가 있었다고 말하였는데, 이 관계는 아버지와 환자의 평행관계이다. 즉 '평행관계'라는 추상적 개념이 시각적 형상을 통해 이미지로 나타난 형상화라고 할 수 있다(프로이트, 1917).

어느 한 부인의 꿈은 추상적 개념이 시각적 이미지로 형상화해 나타나는 것을 잘 보여준다. 그 부인의 꿈인 〈풍뎅이 꿈〉에는 풍뎅이 날개를 찢는 이미지가 등장한다. 이는 꿈 사고에서 추상적 개념인 동물에 대한 '잔인성'을 시각적 형상으로 표현한 것이다. 사랑하는 이가 개에게 물어뜯겨 죽는 이미지가 등장하는 꿈도 있는데, 이것 역시 '잔인성'과 동시에 '성적 사랑'을 표현하는 시각적 형상을 통해 이미지화된다. 잔인성과 성적 사랑이라는 추상적 개념이 시각적 형상을 통해 압축되면서 형상화되는 것이다.

　형상화는 꿈 사고의 추상적 개념을 꿈 내용에서 영화가 상영되듯이 시각적으로 묘사한다. 즉, 추상적 개념이 시각적 형상을 통해서 시각적 이미지인 표상에 압축된다. 그러므로 꿈 사고와 꿈 내용은 같은 것을 나타내지만 서로 다른 언어로 표현된다고 할 수 있다. 꿈 사고는 그것이 표현하고자 하는 의미가 명료하고 명확한 낱말 표상으로 구성된 문학에 비유할 수 있으며, 꿈 내용은 대부분 시각적 또는 청각적 형상으로 보여주는 영화에 비유할 수 있다. 꿈 사고는 사고라고 할 수 있으며, 꿈 내용은 형상화이고 그것에 대한 지각이다. 꿈 작업에서는 말 표상으로 이루어진 꿈 사고를 시각적, 청각적 형상으로 변환하거나 왜곡하여 꿈 내용을 만들어내서 우리에게 보여 준다. 물론 사고로만 이루어진 꿈도 있지만 우리가 꾸는 대부분의 꿈은 시각적 장면으로 형상화되어 있으며 현재형이다. 그러므로 우리가 꾸는 대부분의 꿈이 나타나는 표현체계는 시각적 형상화라고 할 수 있다(이경희, 2020).

　외현적으로 나타나는 꿈의 요소는 무의식 속의 잠재적인 꿈 사고이며 이것은 작은 부분에 불과하다. 무의식적인 꿈 사고 속에 있는 커다란 정신의 합성물에서 작은 부분만이 형상화되면서 외현적 꿈으로 나타난다. 잠재적인 요소와 외현적인 요소 간의 관계는 복잡하며 외현적 요소가 항상 잠재적 요소를 대체하는 것도 아니다. 그리고 꿈 내용으로 표현되는 하나의 외현적 요소는 몇 개의 잠재적 요소로 이루어진다. 외현적 꿈이 생각이나 말로 구성되는 경우가 아주 적고 주로 시각적인 그림의 형태로 구성되는 것은 이러한 관계가 꿈 형성에 특별한 의미가 있다는 것을 보여준다. 이러한 방식으로 수많은 추상적 개념이 외현적 꿈속에서 은폐의 목적으로 사용될 대체된 형상물을 갖게 된다(프로이트, 1917).

(3) 꿈이 형상화 작업을 하는 이유

① 통합된 꿈

알 수 없이 복잡하게 분리된 무의식 속의 꿈 사고들이 이미지의 형상언어로 변형되면

결합이 쉬워지면서 꿈을 간결하게 통합할 수 있다. 따라서 꿈의 형상화는 간결하게 통합되면서 '좋은 꿈'을 만든다.

② 검열에 유리

꿈 작업은 전의식의 검열을 통과하면서 비로소 우리에게 꿈 내용으로 나타난다. 꿈이 어떤 형상을 지각하고 이것이 표현하는 추상적 개념을 잘 떠올리지 못할 경우, 또한 무미건조하고 추상적인 표현이 형상에 의한 표현으로 대체되어 즉시 이해할 수 없는 경우에 꿈 사고는 전의식의 검열을 쉽게 통과하여 꿈 내용에 성공적으로 진출한다.

③ 현재진행형의 환각적 소원성취

우리는 꿈을 꾸면서 꿈에 나타나는 감각적 형상이 실제라고 믿는다. 그리고 그것을 직접 보고 듣고 체험하는 경험을 한다. 따라서 우리가 밤마다 꾸는 꿈은 현재 일어나고 있으며 실제로 경험하는 환각적 소원성취라고 할 수 있다(이경희, 2020).

(4) 형상화 - 환각(지각)적 소원성취

우리가 밤에 꾸는 꿈은 환각적 체험을 통한 소원성취로 다가온다. 꿈은 단지 우리가 가지고 있는 어떤 생각을 표현해내는 것뿐만 아니라, 소원이 성취된 것으로 느끼면서 환각적 체험의 형태로 형상화된다. 즉, 무의식 속에 있는 잠재적 꿈 사고에는 왜곡이 일어난다. 다시 말해 생각을 체험의 형태로 바꾼다(프로이트, 1917).

꿈은 청각적인 형상을 이용하기도 하고 다른 감각 형상들도 다룰 수 있다. 하지만 주로 시각적 형상으로 사고한다. 꿈은 환각을 일으키는데, 사고를 환각으로 대체한다고 말할 수 있다. 이 점에서는 시각적 표상과 청각적 표상 사이에는 전혀 차이가 없다. 꿈은 이러한 시각적 형상과 청각적 형상들로 상황을 배열하고 구성하며, 실제로 일어나고 있는 하나의 사건으로 형상화한다(프로이트, 1900).

꿈은 환각적인 체험 방법으로 우리의 소원을 성취하게 해준다. 프로이트는 신체-심리-현실의 세 부분이 서로 연결되며 있으며, 이 세 부분 사이에는 순환이 이루어진다는 것을 입증했다. 그는 신체에 가해지는 여러 종류의 자극에서 출발하여 표상으로 구성된 심리를 거쳐 그것이 현실에서 해소되기까지의 과정을 [자극-지각-심리(무의식-전의식-의식)-육체-육체 밖의 현실]의 흐름으로 설명하였다. 우리의 무의식 속에 있는 소원 표상이 낮의 잔재와 연결되어 그 에너지가 표상에 강력하게 투여되면, 소원 표상은 의식으로 가기 위해 전의식을 통과해야 한다. 우리의 심리체계는 자극을 수용하는 지각 조직과 이 자극을 해소하는 운동성 조직으로 구성되어 있으며, 지각 조직에서 운동성 조직으로 진행하려는 방향성을 지닌다(이경희, 2020).

꿈 작업은 무의식 속에 존재하는 꿈 사고를 변형시킨다. 꿈의 원동력인 무의식적 소원의 표상이 투여되어 활성화되고, 이 에너지가 사소한 낮의 잔재와 그것이 일깨운 전의식적 표상들로 이동되면서 꿈 사고가 만들어진다. 무의식적 소원의 표상이 전의식으로 진출하려고 하는 것은 그 충족을 위한 것이며 또한 그 표상에 해당하는 것을 현실에서 찾으려고 하기 때문이다. 꿈 사고가 수면 중에 활성화되면서 꿈 작업이 시작된다. 무의식적 소원이 이동된 표상들은 여러 사고 속에서 교차되고 여기에 에너지가 집중된다. 압축과 전치처럼 꿈 작업으로 에너지가 집중된 사소한 표상은 전의식을 거치면서 그 표상과 일치하는 것을 현실에서 찾으려 한다. 그러나 수면 중에도 일을 계속하는 전의식의 검열에 부딪히며, 수면 중이기 때문에 신체의 운동성 조직으로 가는 길도 차단된다. 따라서 이동과 압축으로 에너지가 집결된 사소한 무의식적 표상은 전의식으로 진출하기 위해 무의식의 심역에서 지각 조직으로 퇴행할 수밖에 없다. 이렇듯 꿈은 수면 중의 운동성 차단으로 인해 전의식에서 무의식으로, 다시 무의식에서 지각으로 퇴행하는 과정을 거치는데, 이것이 바로 소원성취의 과정이며 환각(지각)이라고 할 수 있다(이경희, 2020).

잠재적인 꿈 사고의 압축된 표상은 무의식적 소원의 표상과 이것이 이동된 낮의 사소한 표상까지 포함한다. 꿈 사고의 논리적 구조는 꿈 작업 과정 중에 없어지거나 아주 적은 부분만 표현되는 정도이며, 꿈 내용을 통해 형상화되는 이미지를 제외하고는 모든 표현이 상실된다. 꿈 요소들은 지각 조직으로 퇴행할 때 무의식적 소원의 표상이 비롯된 원재료로 되돌아간다. 이때 무의식적 소원의 표상은 가장 오래된 혹은 가장 먼저 무의식에 기록된 표상이다. 이러한 표상들 중 에너지가 이동되어 형성된 전의식적 소원들의 표상 역시 감각적 형상으로 되돌아간다.

무의식적 소원의 표상은 꿈 내용에 있는 그대로 모습을 드러내지 않으며 사소한 전의식적 표상으로 이동해 그 뒤에 숨은 모습으로 나타난다. 우리가 꿈 내용으로 지각하는 것이 낮에 일깨워진 사소한 전의식적 표상이 만들어낸 최근의 감각적 형상인 것은 바로 이 때문이다. 꿈은 이렇듯 변형되고 왜곡된 형태로 나타나는 환각적 소원성취라고 할 수 있다. 요약하면, 꿈을 통해서 어린 시절에 억압되어 현재 기억할 수 없는 재료들은 감추어지고 대신 최근의 사소한 기억 재료들을 통해 지각된다고 할 수 있다.

꿈 사고의 표상들은 무의식 지대로부터 지각 조직으로 퇴행하면서 감각적 형상으로 변형된다. 전의식의 사소한 표상들이 전치되고 압축되면, 잠재된 무의식적 소원의 에너지가 응집되고 방출되면서 그 표상들이 처음 비롯된 감각적 형상들로 지각된다. 바로 이 순간, 꿈은 환각적으로, 또한 왜곡된 형태로 소원을 성취한다. 꿈 내용은 형상으로 의식에 도달하게 되는데 이것이 바로 형상화이다.

무의식 체계와 전의식 체계 (프로이트, 「꿈의 해석」, p.651)

(5) 형상화, 동음이의어의 낱말 유희

꿈 작업은 추상적 개념이나 표현이 어려운 것을 형상화할 때, 시각적·청각적 형상으로 변형되어 지각된다. 그럼에도 불구하고 꿈은 '무의식의 언어 논리학'이라고 할 수 있다. 꿈 사고의 한 요소나 개념이 이미지로 형상화되려면 그것에 맞는 언어기호가 전제되어야 한다. 꿈의 형상화는 언어기호가 전제되지 않으면 불가능하다. 꿈 사고는 언어기호로 구성되고, 꿈 내용은 시각적 이미지 혹은 장면으로 형상화된다. 즉, 꿈 사고는 의미를 지닌 언어기호 혹은 청각적 낱말 표상이라고도 할 수 있다. 낱말 표상으로 구성된 꿈 사고들은 복잡하게 얽혀 있으나 그 의미를 이해하는 것이 불가능한 것은 아니다.

다만, 무의식에서는 언어기호가 지닌 의미와는 상관없이 철자 혹은 발음의 공통성 및 유사성에 따라 낱말이 이동하고 압축된다. 다시 말하면 무의식의 심역에서는 철자 혹은 발음이 동일하거나 비슷한 두 낱말이 쉽게 대체되기도 하고 교환되기도 한다. 이때 서로 대체되거나 교환된 낱말들은 전치와 압축의 원리를 따르는 기호형식일 뿐이며 그들이 갖는 의미와는 전혀 상관이 없다(이경희, 2020).

프로이트는 의미와 관계없이 철자·발음의 동일성 혹은 유사성을 바탕으로 하는 낱말 간 이동과 대체를 '낱말 유희'라고 지칭하였다. 꿈 작업의 과정에서는 낱말 유희의 모든 것을 활용할 수 있다. 분명하고 정확한 낱말 대신 모호한 낱말을 사용하면 혼란을 불러일으키며 즉시 이해하지 못하게 된다. 꿈이 제시하는 요소들을 있는 그대로 해석해야 할지, 전이된 의미로 받아들여야 할지에 대해 꿈은 결코 말해 주지 않는다. 그래서 전의식의 검열에 유리하다. 이러한 이유로 우리는 꿈의 요소들을 꿈 재료와 직접 관계 지을지, 아니면 첨가된 표현을 해석할지를 스스로 결정해야 하는 상황에 놓이기도 한다.

앞에서 언어기호가 전제되어야만 이미지화가 가능하다고 언급하였다. 그렇다면 무의식의 영역에서 꿈 사고의 낱말 표상이 형상화될 때 어떤 과정을 거치는지 알아보자.

첫째, 어떤 낱말을 형상화해야 하는 상황에서 그 낱말이 의미하는 이미지로 이동한다. 고깔모자와 풍뎅이가 그 이미지 그대로 이동하여 형상화되면서 표현되는 것을 의미한다.

둘째, 추상적 개념을 지칭하는 낱말을 형상화해야 하는 상황에서 꿈 작업은 해당 낱말을 형상화가 가능한 다른 언어로 우선 대체하는데, 이때 낱말 유희가 활용된다. 즉, 두 낱말은 그 낱말들이 나타내는 의미와 관계없이 철자나 발음의 유사성을 기반으로 대체되고, 이렇게 대체된 낱말의 형상으로 표현된다(이경희, 2020).

꿈은 무의식의 언어기호 논리에 따라 형상화 작업을 한다. 그리고 무의식 속의 소원은 꿈 작업에 의해 환각적으로 성취되면서 꿈 내용은 시각적 형상으로 형상화된다.

(6) 형상화 작업을 보여주는 꿈 사례

꿈의 형상화 과정은 압축 그리고 전치와 함께 일어난다. 무의식 속에 잠재되어 있는 표현하기 어려운 추상적 개념인 꿈 사고를 이미지로 이동시키면서 소원을 성취하는 작업 또한 꿈 형상화 작업의 일종이다. 프로이트는 어느 부인이 꾼 꿈을 분석하였는데, 이를 통해 추상적 개념의 형상화를 잘 보여준다.

"1층 관람석 한가운데 높은 탑이 솟아 있고, 탑(turm) 위에는 철책으로 둘러싸인 난간이 있다. 그 높은 곳에 한스 리히터처럼 생긴 지휘자가 있다. 그는 철책 안을 바쁘게 뛰어다니며 땀을 줄줄 흘린다. 그리고 그 위치에서 아래 탑대 주위에 배열한 오케스트라를 지휘한다." (프로이트, 「꿈의 해석」에서 인용)

'관람석 한가운데의 높은 탑', '탑 위에 철책으로 둘러싸인 난간' 등과 같이 꿈에 나타난 시각적 이미지들은 꿈 작업에 의해 변형된 꿈 사고들이다. 이와 같은 시각적 형상들은 꿈을 꾼 부인이 가지고 있던 기억 재료들에서 비롯되었다. 그녀는 한 남성에게 호감을 느꼈는데 그는 정신병으로 인해 음악의 길을 중단한 음악가였으며, 프로이트는 이러한 사실을 꿈 사고의 핵심으로 인식하고 그에 주목하였다. 부인의 이러한 핵심적인 꿈 사고가 꿈 내용으로 형상화되었다고 할 수 있다.

꿈에 등장한 '한스 리히터처럼 생긴 지휘자'는 부인이 호감을 가진 음악가가 형상화된 꿈 내용이다. 한스 리히터는 당대 음악계의 거장으로서, 부인은 이 꿈을 통해 자신이 좋아하는 인물을 대단하고 훌륭한 인물로 떠받들고 싶은 무의식적 소원을 성취하였다. '뛰어난 음악가'라는 추상적 꿈 사고는 다음의 과정을 거쳐 형상화되었다.

첫째, 자신이 호감을 가진 음악가를 당시 음악계의 거물인 한스 리히터로 전치하면서 형상화했다.

둘째, '뛰어난 음악가'라는 추상적 낱말은 '높은 곳의 음악가'로, 즉 형상화가 가능한 낱말로 전치되었다.

셋째, '높은 곳'이 '높은 탑 대에서 오케스트라 단원들을 주위에 배열하고 지휘하는 모습'의 이미지로 형상화되었다. 그곳에 한스 리히터를 세워 자신이 좋아하는 음악가를 높은 곳에서 존경받는 음악가의 모습으로 형상화한 것이다.

이로써 그 부인은 자신이 호감을 가지고 있지만, 정신병으로 인해 음악의 길을 중단한 음악가가 뛰어난 거물이 되었으면 하는 소원을 성취하였다. 꿈 사고는 대립 연상으로 구성되면서 나타나기도 한다. 위의 꿈에 등장하는 '높은 곳'에는 탑뿐만이 아니라 '철책으로 둘러싸인 난간'이 있다. '높은 곳의 탑(turm)'은 '그 남자의 뛰어남'을 가리키는 추상적 사고의 이미지이다. 그런데 여기서 'turm'은 '감옥이나 우리'를 뜻하며 '철책으로 둘러싸인 난간'으로 형상화된다. 그리고 그 남자의 실제 이름은 휴고 볼프(Hugo Wolf)인데 볼프는 '늑대'를 의미한다. '철책으로 둘러싸인 난간 안에서 바쁘게 뛰어 다니는 늑대'라는 시각적 장면은 '그녀가 호감을 가진 정신병원에 있는 남자'의 꿈 사고를 형상화한 것이다. 꿈꾼 부인은 그 남자가 뛰어난 음악가가 되었으면 하는 소원과 그가 정신병자라는 염려를 동시에 지니고 있다. 소원과 염려가 '높은 탑의 음악가'와 '철책으로 둘러싸인 난간을 뛰어다니는 남자'로 형상화되었고 대립된 구도를 이루면서 하나의 시각적 장면을 이루고 있다(이경희, 2020).

4) 이차가공

(1) 정의

꿈 사고는 꿈 작업인 압축과 전치, 형상화 과정을 거치면서 혼합물이 되며 그리고 드디어 이해 가능한 이야기로 구성된다. 이렇듯 합리성이 첨가되면서 꿈이 논리적이고 조리 있게 가공되는 것을 이차가공이라고 한다. 이차가공은 압축, 전치, 형상화와 함께 꿈 사고가 꿈 내용으로 진출하기 위해 행해지는 꿈 작업 과정의 하나이다(이경희, 2020). 꿈은 실제 내용과는 다르게 아주 근사해 보이기도 하고 중간에 중단될 수도 있으며, 또는 매우 조심스럽게 표현되기도 한다. 그리고 이차가공이 꿈 사고의 어느 작은 부분에만 영향을 미쳐, 나머지 다른 부분들은 변하지 않은 채 그대로 꿈속에 나타나기도 한다(프로이트, 1932).

이차가공의 기본적인 임무는 꿈 작업 과정에서 꿈 재료들을 어떤 한 형태의 전체적인 것으로 혹은 대략적으로 조리 있게 만들어내는 것이다. 이러한 과정에는 어떤 의미에 따라 재료가 선택되기도 하고, 필요에 따라서는 다른 것이 첨가되거나 구성되기도 한다. 이러한 선택, 첨가, 구성의 이차가공들은 전의식의 검열을 통과하기 위한 꿈 작업이다. 즉, 꿈 형성에 개입하는 전의식의 모든 활동을 이차가공이라고 할 수 있다(이경희, 2020).

(2) 전의식 – 선택, 첨가, 구성 그리고 검열

① 선택, 첨가, 구성

전의식은 꿈이 충족시켜야 하는 조건들 가운데 하나를 처음부터 제시하며 이 조건은 압축, 검열, 형상화의 조건들처럼 많은 꿈 사고 재료에 동시에 영향을 미치고 선택에 개입한다(프로이트, 1900). 꿈은 꿈 사고의 형성에서부터 시작된다. 우리의 무의식 속에 억압되어 있던 소원이 꿈 사고를 이루는 원동력이 된다. 무의식적 소원이 사소한 낮의 잔재에 에너지를 이동시키는 순간, 전의식이 기억의 요소들을 선택하고 선택한 꿈 재료들을 바탕으로 다양한 꿈 사고들을 구성하기 시작한다. 꿈 재료의 선택은 꿈 사고를 형성하기 위해 전의식이 행하는 일이다. 많은 꿈 사고로부터 꿈 요소로 사용할 재료를 선택하는 것, 선택한 꿈 재료를 체계적이면서 논리적인 꿈 사고로 구성하는 것, 즉 선택과 구성 작업 또한 전의식에서 행해진다(이경희, 2020).

꿈 내용이 논리적이면서 명료한 꿈을 꿀 때가 있다. 그러한 꿈을 분석해 보면 꿈에서 표현된 의미와 실제 의미에 차이가 있다는 것을 알 수 있다. 그 이유는 꿈의 부분과 부분 사이를 관계 맺어 주고 빈틈을 메워 정돈하면서 우리가 쉽게 이해할 수 있도록 이차가공이 되기 때문이다. 즉, 이차가공이 일어나는 이유는 전의식이 쉽게 받아들이도록 하기 위해서이다. 첨가는 쉽게 일어난다. 특별한 이유나 생동감 없이 꿈 내용의 두 부분을 연결하는 곳에 삽입된다. 그래서 첨가된 부분을 어렵지 않게 알아볼 수 있다. 이차가공의 작업에서 첨가된 부분은 꿈 사고에서 유래한 것보다 기억에 조금 남으며 꿈을 망각할 경우에는 가장 먼저 사라진다. 전의식에서 행해지는 이러한 이차가공의 노력으로 꿈은 앞뒤가 맞지 않고 이해되지 않는 외양에서 벗어나 이해 가능한 체험에 가까워진다. 전의식의 이차가공 작업이 매번 성공적으로 이루어지는 것은 아니지만, 어쨌든 표면상으로 논리적이고 이해 가능해 보이는 꿈들은 이렇게 해서 만들어진다. 완벽하게 가공된 꿈은 우리가 깨어 있는 동안에 생각하는 것과 비슷한 심리적 기능에 의해 이차가공의 과정을 거쳐 만들어진다. 이렇게 이차가공된 꿈에 어떤 중요한 의미가 있는 듯이 보이지만 실제적인 꿈의 의미와는 차이가 있을 수 있다. 이러한 꿈들은 꿈 요소와의 관계가 거의 남아 있지 않을 정도로 꿈 요소를 자유롭게 다룬다. 말하자면 우리가 꿈에서 깨어나 해석하기도 전에 전의식에서 이미 한 번 해석이 이루어진다(프로이트, 1900).

논리적으로 명료한 꿈과는 반대인 꿈도 있다. 단편적 내용들이 혼란스럽게 이어지는 꿈들은 이차가공의 선택, 첨가, 구성의 작업이 실패한 꿈이라고 할 수 있는데, 이러한 꿈들에는 꿈이 표현하고자 했던 원재료가 남아 있다고 볼 수 있다.

② 검열

전의식은 꿈 작업을 할 때 선택, 첨가, 구성과 더불어 검열의 작업도 한다. 전의식에서 무엇보다 중요한 임무는 검열이다. 무의식적 소원의 표상이 형상화되어 꿈 내용으로 나오기 위해서는 전의식의 검열을 통과하는 것이 중요하다(이경희, 2020). 무의식 속에 잠재되어 있는 소원의 표상은 꿈으로 표출되기 위하여 수면 중에 억압이 이완되기를 기다린다. 이 무의식적 소원이 압축과 전치의 과정을 거치면서 변장을 하고 검열의 과정을 통과할 때 명백한 꿈 사고와 연결된다. 수면 중에는 현실과 정신활동의 연결이 차단되는데 그로 인해 퇴행이 일어나고 소원에 대한 욕구 만족을 환각적인 방법, 즉, 실제로 현실에서 일어나서 체험하는 것과 같은 방법으로 도와준다. 이러한 퇴행의 결과로 꿈 사고의 표상들은 시각적인 형태로 변형되며 극적으로 형상화된다(프로이트, 1932).

우리가 무의식적으로 억압하고 있는 소원의 표상은 전의식으로 진출해 꿈으로 표현되려 한다. 하지만 전의식은 이에 저항하며 검열관의 역할을 한다. 이 때문에 무의식적 소원의 표상은 전의식의 검열을 무사히 통과할 만한 사소한 표상으로 전치되면서 변형되고 왜곡된다. 그리고 그 사소한 표상은 전의식에서 행하는 검열의 과정을 통과하면서 꿈 내용으로 진출한다. 선택, 첨가, 구성은 무의식적 표상이 전의식의 검열을 무사히 통과하기 위한 방법이다. 전의식이 꿈 작업을 압박하는 것이다. 따라서 꿈 표상은 무의식과 전의식에서 결정하며, 우리가 밤에 꾸는 꿈은 무의식과 전의식이 타협한 결과물이다(이경희, 2020). 꿈 검열은 우리가 암시라고 할 만한 대체물들을 만들어 낸다. 그러나 그러한 암시들을 파악하는 일은 쉽지 않다. 암시들은 꿈의 본질적인 꿈 요소들과 이상스럽고 기이하고 특이한 연상들을 통해 맺어져 있다. 여기에서 문제되는 것은 숨겨져야 하고 은폐되어야 하는 대상들인데, 꿈 검열의 목표가 바로 그것이다(프로이트, 1917).

소원에는 무의식 속에 있는 잠재적 소원과 낮의 잔재가 일깨운 전의식적 소원이 있다. 무의식적이고 잠재적인 소원의 표상은 현실에서 그 표상과 일치되는 것을 찾기 위해 전의식으로 진출한다. 하지만 그것은 곧 전의식의 검열에 부딪힌다. 그래서 잠재적 소원은 전의식적 검열이 주목하지 않는 사소한 표상으로 전치하여 그 표상이 은폐되는 전략을 취한다. 이렇게 꿈 사고가 은폐되는 전략을 취하면서 꿈 왜곡이 시작된다(이경희, 2020).

용납될 수 없는 성적인 소망이나 공격적인 요소들이 꿈 검열과 꿈 왜곡을 만든다. 이러한 용납될 수 없는 무의식적 소원 충동은 과거에서 비롯되며 무의식 속에 억압되어 있던 것이다. 그것들은 현재는 기억되지 않지만, 과거에는 알고 있었고 의식했던 것들이다. 이렇듯 억압된 소망은 대부분 꿈꾸는 사람의 이기주의에 그 원인이 있다. 살면서 누군가에게 공격성을 느낄 때 꿈은 그 대상이 누구든 상관없이 곧 그 대상을 죽여 버릴 준비를 한다. 그러나 그러한 공격적인 소원의 근원은 바로 옛날 어릴 적 아이의 모습으로서, 현재는 망각에 덮여 잊힌 채로 있지만, 꿈에서는 이 같은 소원이 드러나기도 한다. 하지만 여기에는 분명한 원인이 있고, 그 잔류물임이 확실한 내용들이 종종 꿈에 나타나기도 한다(프로이트, 1917). 꿈 왜곡이란 꿈을 이상하고 이해할 수 없게 보이도록 하는 것으로 꿈 사고를 왜곡한 대체물이다. 왜곡된 꿈 역시 꿈 작업의 결과물이다. 꿈 왜곡에서 꿈 검열은 중요한 역할을 한다. 외현적 꿈 내용에서 허술하고 빈틈이 있는 부분이 생기는 이유는 꿈 검열이 작용하기 때문이다. 꿈 내용이 분명하게 형성되어 있고 기억되는 다른 꿈 요소에 비해 무엇인가 부족하다거나 확실하지 않고 수상쩍은 모습을 하고 있을 때, 그 이유는 꿈 검열이 작용했기 때문이다. 꿈 검열에는 세 가지 유형이 있다. 첫 번째 유형은 드문 경우로 꿈 검열의 과정에서 꿈 사고를 숨김없이 그대로 형상화하는 것이다. 두 번째 유형은 원래 표현하고자 하는 꿈 사고 대신에 표현을 부드럽게 완화하면서 비슷한 형태의 암시로 끝나는 유형이다. 갈등이 타협으로 위장하여 표현하고자 할 때, 실제로 그것이 표현하고 싶어 하는 것을 표현하지만 순화되고 왜곡되어 인식할 수 없는 형태로 만들어 버리는 경우이다. 세 번째 유형은 무의식 속에 내재된 꿈 사고의 중심 요소에서 외현적 꿈 내용으로 옮겨져 표현된 것이 아무것도 없는 유형이다. 강조점이 이동되고 내용적 요소의 재구성을 통해서 외현적 꿈 내용은 잠재적 꿈 사고와 매우 다른 모습을 하게 되며, 이 때문에 외현적 꿈 내용에서 잠재적 꿈 사고를 추측해 낼 수 없게 된다.

이러한 재료의 누락, 수정, 내용 재구성 등은 꿈 검열 과정에서 이루어지며 꿈 왜곡의 수단이 된다. 검열에 의해서 생겨난 왜곡은 한 개의 꿈 안에서도 개별적인 요소마다 크기가 다르다. 외현적 꿈 내용과 잠재적 꿈 사고를 비교해 보면, 어떤 종류의 잠재적 요소는 완전히 제거되었지만 어떤 요소들은 조금 수정되어 있고, 또 어떤 요소들은 큰 변화가 없거나, 아니면 심지어 강화된 채로 외현적 꿈 요소로 표현된다.

대부분 꿈 검열은 사람들이 감히 생각할 수 없는 것, 용납되지 않는 것, 비난할 만한 것들에 초점을 맞춘다. 이러한 것들은 인간이 지닌 무절제와 이기심에서 비롯된다. 그리고 자기 자신의 자아는 꿈속에 언제나 나타나는데 외현적 꿈 내용에서는 자신의 모습을 숨기고 있기 마련이다. 꿈에서 왜곡은 검열을 받아야 할 소원이 사악하면 사악할수록, 검열의 요구가 엄격하면 엄격할수록 더 커진다. 꿈 왜곡은 수면 중 혐오스럽고 용납할 수 없는 무의식적인 소원 충동에 대하여 자아의 수용할 수 있는 범위 내에서 행해진 검열 활동의 결과로 나타난다(프로이트, 1917). 우리가 꾸는 꿈 중에는 불쾌감과 두려운 감정들이 복잡하게 섞여 있는 것들이 있다. 이러한 꿈들은 우리에게 불안감을 준다. 불안-꿈에는 다음의 사항들이 고려된다.

첫 번째, 꿈 작업 과정에서 어떠한 소원성취를 만들어내는 데 완전히 성공하지 못한 경우이다. 그 결과로 꿈 사고의 고통스러운 감정에서 한 부분이 외현적 꿈에 남아 있게 된다. 이를 통해 꿈 작업에서는 꿈의 감정을 변화시키는 것이 꿈 내용을 변화시키는 것보다 어렵다는 사실을 알게 된다. 감정에는 강한 저항력이 작용한다. 그래서 꿈 작업 과정에서 꿈 사고의 고통스러운 내용이 소원성취로 변화되었다고 하더라도, 고통스러운 감정은 그대로 변화되지 않은 상태로 남아 있게 된다.

두 번째, 소원성취는 분명히 행복하고 기쁜 일이지만, 검열 편에서는 오히려 그 정반대의 것, 즉 고통을 가져다줄 수도 있다는 것이다. 우리가 억압하고 눌러 왔던 무의식적 소원이 꿈에서 강렬하게 나타날까 봐 불안해하고 염려하는 것이 불안-꿈이라고 볼 수 있다. 꿈에서는 소원성취를 이룬 것이지만, 꿈 검열 편에서 생각하면 단지 고통스러운 감정을 느낄 뿐이다. 그래서 불안-꿈은 무의식 속에 억압된 소원이 검열보다 더욱 강해서 검열에 대항하여 소원성취라는 자신의 의지를 이룬 것이라고 할 수 있다.

위에서 알 수 있듯이 검열의 강도는 매우 다양하고, 모든 꿈에 항상 똑같은 엄격함을 적용하지 않는다. 검열이 자신을 무력하다고 느끼면서 그 소원이 자신을 압도하듯이 강하게 느끼게 되면, 왜곡이라는 작업 대신에 최후의 방법으로 불안을 발전시키면서 수면 상태를 포기하게 만든다.

세 번째, 꿈의 목적은 소원성취이지만 소원성취를 통해서 벌을 받는 상태, 즉 매우 불쾌한 일이 벌어질 수 있다는 것이다. 인간은 '벌을 받고 싶어 하는 경향성'을 무의식 속에 갖고 있으며 이러한 경향성은 매우 강하다. 그래서 고통스러운 불안-꿈은 이러한 경향성에 대한 소원성취라고 할 수 있다. 우리는 여기서 불안은 소원의 정반대이며 연상 속에서는 서로 반대되는 내용들이 매우 가까이 위치하고 있고, 무의식 속에서는 그것들이 서로 일치한다는 것을 알 수 있다. 더 나아가 꿈에서 나타나는 벌을 검열하는 다른 인격의 소원성취로 볼 수도 있다(프로이트, 1917).

꿈 형성 과정에서 꿈 작업의 가장 기본적인 기능은 꿈 사고를 만들어내고 이것을 꿈 내용으로 변환하는 것이다. 꿈 사고는 모든 능력을 동원하여 아주 정확하게 형성되는데 이러한 꿈 사고는 우리가 의식하지 못하는 영역에 속하며, 의식적인 사고 또한 변환을 거치게 된다. 무의식적 사고를 꿈 내용으로 변환하는 꿈 형성 작업은 꿈만의 특별한 과정이다. 꿈 작업은 무의식 속에 있는 무의식적 꿈 사고를 변형하는 일만 한다. 꿈은 무엇보다도 검열을 통과해야 하며, 이러한 목적을 위해 꿈 작업은 압축, 전치를 이용하여 꿈을 형상화한다. 꿈 사고들은 시각적, 청각적으로 무의식 속에 남아 있는 재료를 이용해 재현된다. 이러한 요구로부터 형상화라는 조건이 꿈 작업에서 생겨난다(프로이트, 1900). 잠에서 깨어나면 전의식에서 행해지던 검열은 다시 힘을 회복하고, 검열이 약화되는 수면 중에 받아들인 모든 것은 백지화된다. 이것이 아침에 꿈에서 깨어났을 때 자주 경험하는 신속한 꿈의 망각이다. 망각으로부터 살아남은 꿈의 작은 파편을 통해 꿈이 나타내는 잠재적 의미에 다가갈 수 있으며, 검열 과정에서 행해지는 최상의 것은 망각이라고 할 수 있다(강효련, 2012).

(3) 이차가공 작업을 보여주는 꿈 사례

〈정육점 안주인의 꿈〉

"정육점 안주인은 만찬을 열려고 한다. 그런데 마침 집에는 약간의 훈제연어 말고는 준비된 것이 전혀 없다. 그래서 시장을 보러 가야겠다고 생각하는데, 마침 일요일 오후라 상점이 모두 닫혔다는 게 기억이 난다. 할 수 없이 물건을 배달해 주는 상인들에게 전화를 걸려고 수화기를 든다. 그런데 전화마저 고장이 나서 만찬을 열려는 소원을 포기할 수밖에 없다." (프로이트, 「꿈의 해석」에서 인용)

이 꿈은 이차가공의 작업으로 명료하게 정돈되어 있다. 이 꿈을 꾸기 전날 정육점 안주인은 남편에게서 자신은 살이 쪘기 때문에 다이어트를 해야 하고 그러므로 만찬 초대에 응하지 않겠다는 말을 듣는다. 이에 정육점 안주인은 남편이 항상 칭찬해서 질투를 느끼는 그녀의 친구를 찾아간다. 그 친구는 살이 찌고 싶다고 이야기하며 만찬에 초대해 달라고 부탁한다. 남편은 풍만한 몸매를 좋아하는데 그 친구는 마른 체형이다. 이것이 그녀의 전의식을 일깨운 낮의 잔재이다. 이 꿈에서 정육점 안주인은 만찬을 여는 것이 소원인 것처럼 보인다. 하지만 무의식 속에서 정육점 안주인의 소원은 만찬을 열지 않는 것이다. 이렇듯이 꿈은 이차가공의 작업으로 조리 있고 명료하게 정돈되며 또한 소원을 성취한다.

정신분석 · 꿈 해석

1단계 꿈 이해

제**6**장
꿈 기록 노트 작성법

6. 꿈 기록 노트를 작성하는 데 도움이 되는 방법

① 꿈 기록 노트를 항상 침대 곁에 준비해 두고 잠을 청한다. 녹음을 할 수 있으면 더욱 좋다.

② **잠자리에 들기 전에 몇 차례 마음속으로 다짐을 한다.**
- 오늘 밤에 꿈을 꾸면 일어날 것이다.
- 나는 오늘 밤에 꼭 꿈을 기억하겠다.

③ **꿈을 꾼 후 그 내용을 바로 녹음 또는 노트에 적는다.**
- 잠자리에 일어나서 쉽게 켤 수 있는 명암 조절등을 준비한다.
- 작은 손전등을 마련하면 더욱 좋다.

④ **녹음한 내용과 노트에 적은 내용을 꿈 기록 노트에 자세하게 기록한다.**
- 날짜를 기록한다.
- 요약하지 않고 전체 내용과 표상들을 하나하나 빠짐없이 기록한다.
- 솔직하게 판단하지 않고 기록한다.

⑤ **잠에서 깨기 힘들거나 꿈이 생각나지 않고 잊어버린다면 보조 방법을 사용해도 좋다.**
- 초기 수면에 들어가고 두 시간 후에 자명종이 울리도록 한다.
- 두 시간 마다 자명종 소리가 울리도록 맞춰 둔다.
  (이 방법을 사용하면 한 두 가지의 꿈이 기억될 가능성이 높다.)
- 수면 중 자주 깨는 것이 마음에 들지 않는다면 수면 시간 끝 부분에 자명종이 울리도록 맞춰 놓는다. 아침이 될수록 REM 수면이 연장되기 때문에 꿈을 잘 포착하여 깨어날 가능성이 높다.

⑥ **꿈꿀 때의 느낌을 적는다.**
- 밤 동안에 꿈을 간직하여 깨어난다면 조심스럽게 잠자리에서 일어나 명암 조절등을 켠다.
- 깨어날 때 심한 동요가 일어나지 않도록 주의한다.
- 침대에서 깨어나서 눈을 뜨기 전에 마음속으로 꿈을 한 번 더 되뇌어보고 불을 켜는 것이 좋다.
- 상세하게 기억나는 꿈을 기록하거나 녹음한다.
- 중간에 다시 잠들지 않도록 주의한다. 잠들면 꿈이 사라지는 경우가 많다.

⑦ **깨고 나서의 느낌을 적는다.**
- 가능한 한 생각나는 연상을 많이 추가하라.

⑧ **자신의 일상(주간 잔재, 야간의 감각 자극)을 작성한다.**

- 무심코 생각나는 꿈의 의미, 꿈과 연관된 전날의 사건, 기타 자신이 중요하다고 느끼는 모든 것을 추가로 적는다.
- 아침에 꿈을 간직한 채로 기상했다면 침대에서 바로 나와 다른 일을 먼저 하고 천천히 기록하겠다고 생각하면 안 된다. 곧 잊어버릴 가능성이 높다.
- 잠자리에 있는 채로 꿈을 기록하고 녹음하라.

⑨ **표상 분석을 한다.**
- 꿈을 꾼 후 가능한 빨리 되도록 그날, 아래의 내용대로 작업을 하라.
- 먼저 전체 꿈 내용에 주목한다.
- 생활하면서 놓쳤을 수 있는 객관적인 사실이 있는지 확인하라.
- 거울을 보듯이 꿈을 통하여 자신과 자신의 상황을 관조하라.
- 꿈에 나타난 표상(인물, 사물)들을 찾아낸다.
- 각 표상을 주간 잔재와 야간의 감각 자극과 연결한다.
- 표상을 유아기의 기억과 정신적 역동과의 관계성으로 검토한다.
- 주관적 해석과 객관적 해석을 통합한다.
- 게슈탈트 방식에 따른 꿈을 액션화시킴으로써 자신의 인격 안에 남아 있는 성향을 표출하고 통합하라.
- 꿈과 그에 대한 해석을 적어서 기록하고 날짜를 기록해 놓으라.
- 기록한 꿈들을 이어 놓으면 애매한 꿈을 비추어 볼 수 있으며 내 안의 심리적 변화를 나타내는 표상으로 활용할 수 있다.

⑩ **꿈을 기록할 때는 항상 현재 시제를 사용하도록 한다.**
- 예를 들어 "나는 바다에서 보트를 타고 있었고 뒤에 오던 보트 한 대가 나를 추월했었다"가 아니라 "나는 바다에서 보트를 타고 있을 때 뒤에 오던 보트 한 대가 나를 추월한다"로 기록한다.
- 현재 시제로 기록하는 까닭은 꿈을 더욱 생생하게 재현하기 위함이다. 그럼으로써 충분히 꿈의 영역 속으로 들어가게 되고 꿈이 더욱 상세하게 기억된다.

⑪ **꿈이 떠오르지 않는다면 꿈을 잊어버리는 이유를 참고하고 앞에서 기술한대로 시도하며 기억되지 않는지를 물어본다.**
- 그래도 실패한다면 의식적인 마음 표면 저변에 이뤄지고 있는 것을 포착하기 위해 상상하는 방법을 지속하며 연습한다면 내적인 힘이 향상되어 망각 되었던 꿈들이 하나둘씩 돌아올 것이다.

꿈 기록 노트

꿈 기록 노트

1. 날짜	
2. 내담자 정보	
3. 꿈 제목	
4. 꿈 내용	
5. 꿈을 꿀 때의 느낌	
6. 깨고 나서의 느낌	
7. 일상 탐색 (주간 잔재, 야간 감각 자극)	
8. 표상 분석	

꿈에 관한 격언 모음

- 꿈을 꾸지 않는 자는 영혼이 없는 자다.
- 꿈은 실현될 가능성을 내포하고 있어야 한다.
- 밤에 꾸는 꿈은 낮에 이루어진다.
- 꿈은 미래의 그림자다.
- 꿈속에서도 지켜야 할 것이 있다.
- 꿈을 꾸는 것은 미래를 설계하는 것이다.
- 꿈은 깨어 있을 때 시작된다.
- 작은 꿈은 사람을 잠들게 하지만, 큰 꿈은 사람을 깨워준다.
- 꿈이 없는 삶은 나침반 없는 항해와 같다.
- 꿈을 잃어버린 자는 별을 잃어버린 밤하늘과 같다.
- 꿈을 향해 걸음을 멈추지 마라, 거리는 점점 줄어들 것이다.
- 꿈은 밤에만 있는 것이 아니라, 낮에도 꿈꾸는 이들의 마음속에 산다.
- 꿈이 크면 클수록, 그 실현의 기쁨도 크다.
- 꿈은 생각의 씨앗이다. 그것을 잘 가꾸면 현실의 꽃이 핀다.
- 꿈을 꾸고 그 꿈을 믿으라. 그러면 불가능한 것이 가능해진다.
- 꿈을 따라가는 것은 여정의 시작일 뿐이다.
- 큰 꿈을 꾸고 그 꿈을 좇는 자만이 큰 일을 이룰 수 있다.
- 꿈 없는 자의 삶은 색깔 없는 세상과 같다.
- 꿈은 당신을 이끄는 별, 노력은 그 길을 밝히는 등불이다.
- 실패는 잠시, 포기하는 것이 영원하다. 꿈을 포기하지 마라.
- 꿈이 있는 곳에 미래가 있다.
- 단 한 번의 꿈이 전 생애를 바꿀 수 있다.
- 꿈을 크게 가지면 세상도 넓어진다.
- 꿈을 이루려면 먼저 꿈꾸어야 한다.
- 꿈은 마음의 지도, 목표는 그 지도를 따라가는 나침반이다.
- 오늘의 꿈이 내일의 현실이 된다.
- 꿈은 행동의 씨앗, 실천은 그 씨앗을 키우는 물이다.
- 꿈은 저 멀리 있는 것이 아니라, 당신이 다가갈수록 가까워지는 것이다.
- 꿈을 꾸는 것은 미래를 향한 첫걸음이다.
- 꿈이 있어야 삶에 색깔이 있다.

참고문헌 _ Reference

강효련(2021).사회불안장애 내담자를 위한 정신분석적 꿈 심리치료. 한국정신분석심리상담학회.

김보기, 박유미(2020). 아들러의 개인심리학을 적용한 상담과정과 상담기법에 관한 연구. 산업진흥연구. Vol. 5. No. 3. p89~96.

김서영(2020)『프로이트의 꿈의해석 무의식에 비친 나를 찾아서』

김서영(2023). 프로이트 전집의 재해석: 삶의 예술해석학으로서의 정신분석학. 한국유럽철학연구. Vol. No.71. p.157~193.

김석(2020)『마음을 이해하는 법 프로이트 꿈의해석』

김성민(2012). 분석심리학과 기독교. 학지사.

김성민(2015). 신경증과 정신병, 그 의미와 치료 - C. G. 융의 이론을 중심으로 -. 신한과 실천. Vol., No. 44. p.149~174.

김승철(2004). 라깡의 무의식과 언어. 한국현대정신분석학회. Vol.9. No.1. p.287~312.

김영건(2004). 꿈에 대한 심리학적 및 생리학적 고찰 협성대학교 신학석사 학위논문

김인순 옮김(2003) 프로이트『꿈의해석』열린책들.(본문에서 쪽수만 표시함)

김정은, 김갑숙(2018). 무의식의 메시지로서 꿈의 언어가 가지는 가치에 대한 고찰 - 프로이트와 라깡의 관점에서.
예술심리치료연구. Vol.14. No.2, p.25~49.

김정현(2008). 무의식과 꿈의 문제-니체와 프로이트, 융의 해석을 중심으로-한국니체학회.

김홍근(2016). "진실의 추구로서 꿈"에 대한 비온의 개념과 영성생활. 신학과 실천. Vol. 52. No. 52. p.363~391.

대한수면연구학회(KOREAN SLEEP RESEARCH SOCIETY) 수면 10계명

루이스 M. 세이버리 저, 정태기 역(1999)치유, 목회, 상담, 시리즈 셋- 마음의 심층을 일깨워 주는 37가지 꿈 해석 방법 꿈
내마음의 거울. 출판사 상담과 치유.

맹정현, 이수련 역(2008). 자크 라깡 세미나. 새물결.

박원진, 김보기(2019). 분석심리학을 적용한 상담과정과 상담기법에 관한 연구. 산업진흥연구. Vol. 4. No. 1 p.67~79.

박은경, 선혜연(2019). 꿈 활용 상담에 대한 체계적 고찰: 심리치료 이론별 접근 중심으로. 교육논총. Vol.39. No.2.
통권57호. p.209~234.

박종수(2017). 융과 비온의 꿈 사고. 목회와상담 2017, Vol.28, p.95~123.

배우순(2008). S.프로이트의 심층 심리적 무의식에 대해서 - E. 후설의 "현상학적 무의식"에 연관해서 - 철학논총.
Vol. 54. No. 4. p.309~334.

설영환 역.『아들러 심리학 해설』. 선영사.

설영환 역.『융 심리학 해설』. 선영사.

신동열, 이영만, 박숙영, 김기욱(2019). 분석심리상담의 이론과 실제. 정민사.

심수명(2018).『기독교 상담적 관점에서 본 정신역동 상담』도서출판 다세움.

윤우상(2017). 꿈 드라마를 위한 기법 및 이론에 관한 고찰. 한국사이코드라마학회지. Vol.20. No.20, p.1~16.

우리모두의 백과 위키백과(https:// ko.wikipedia.org/ wiki/)

이경희(2020).『프로이트의 꿈의 해석 읽기』세창미디어.

이부영(1998). 분석심리학. 일조각

이수진(2020). 정신분석 미술치료. 서울: 학지사.

이영이(2013). 게슈탈트 꿈 작업. 전국대학교학생상담센터협의회 연차대회 학술자료. Vol.(-), No.7. 27~34.

이창재(2007). 꿈의 기원과 의미에 대한 정신분석적 해석 - 프로이트와 현대 정신분석 관점 비교 -. 라깡과 현대정신분석.
Vol.9. No.1. p.113~158.

이환(2019).『무의식의 세계를 열어젖힌 정신분석의 보고』돋을새김.

임진수(2010).『꿈과 정신분석』계명대학교 출판부.

임진수(2021) '꿈의해석과 심리의 이해'.강의내용에서

전철(2010). 칼 구스타프 융의 동시성 개념 연구 융의 동시성 개념과 시공간의 문제의 과학신학적 함의. 한국기독교신학논총.
Vol. 68. (-). p168-189.

주성호(2007). 베르그송과 프로이트의 무의식 개념 비교 연구. 철학과 현상학 연구. Vol. 34. p.163~187.

최수정(2018). 꿈속 상징분석을 통한 치유작용에 관한 연구. 웨스트민스터신학대학원대학교. 박사학위논문.

최영민(2010).『대상관계이론을 중심으로 쉽게 쓴 정신분석 이론』,서울: 학지사

허정(2003). 기독교인의 꿈 해석에 관한 심층심리학적 연구:(C. G Junng의 이론을 중심으로). 호서대학교 석사학위논문.

홍이화(2011). 코헛의 자기심리학 이야기1. 한국심리치료연구소.

Andreasen, Nancy C.; Black, Donald W.(2006).《Introductory Textbook of Psychiatry》. American Psychiatric.
ISBN 978-1-58562-272-6.

Andreasen, Nancy C.; Black, Donald W.(2006).《Introductory Textbook of Psychiatry》. American Psychiatric.
ISBN 978-1-58562-272-6.

Bird. B. I.(2005). Understanding dreams and dreamers: An Adlerian perspective. J Individ Psychol. Vol.61:200-6.

Bion. W.(1962). The psycho-analytic study of thinking. The International Journal of Psychoanalysis, 43: p. 306-310.

Boa. F(1994). The Way of the Dream: Marie-Louise von Frannz in Convrsation with Fraser Boa.『융학파의 꿈 해석-마리루이제 폰프란츠와의 대담』.박현순, 이창인역. 학지사.

Bruel-Jungerman E, Rampon C, Laroche S(2006). "Adult hippocampal neurogenesis, synaptic plasticity and memory: facts and hypotheses". Rev. Neurosci. 18 (2): p. 93-114. PMID 17593874[15]"About.com Published Study"

Freud. S(1899). Die Traumdeutung. 『꿈의 해석』김인순 역. 열린책들.

Freud S(1895). Project for a scientific psychology. SE-1(Standard Edition of the Complete Psychological Works of Sigmund Freud, vol 2 ed by Strachey J London, Hogarth Press.)

Freud S(1915). Instincts and their vicissitudes. Standard Edition.14, p. 111-140.

Freud. S(1917). Introductory Lectures on Psycho-Analysis. 『정신분석 강의』: 임홍빈, 홍혜경 역. 열린책들.

Freud. S(1932). New Introductory Lectures on Psycho-Analysis.『새로운 정신분석 강의』임홍빈, 홍혜경 역. 열린책들.

Havron. E.(2019). About three "self-state dreams". International Journal of Dream Research, 12(1), p. 130-133.

Hong, Charles Chong-Hwa; Harris, James C.; Pearlson, Godfrey D.; Kim, Jin-Suh; Calhoun, Vince D.; Fallon, James H.; Golay, Xavier; Gillen, Joseph S. et al. (October 28 2008). "fMRI evidence for multisensory recruitment associated with rapid eye movement during sleep.". Human Brain Mapping 30: 1705. doi:10.1002/hbm.20635. Rapid Eye Movement (REM) Study Shows Brain Functions Same Way Awake Or Asleep Newswise, Retrieved on November 2, 2008.

Hiatt, JF; Floyd, TC; Katz, PH; Feinberg, I (August 1985). "Further evidence of abnormal non-rapid-eye-movement sleep in schizophrenia". 《Archives of General Psychiatry》 42 (8): p. 797-802. doi:10.1001/archpsyc.1985.01790310059007. PMID 4015324.

Klein M(1959). Our Adult World and Its Roots in Infancy. In: Envy and gratitude and other words, 1946-1963. New York: The free Press.1975.

Kryger M, Roth T, Dement W(2000). Principles & Practices of Sleep Medicine. WB Saunders Company. pp. 1,572.

Mitchell. Black(1995). Freud and Beyond: A History of Modern Psychoanalytic thought. Basic Books. 『프로이트 이후』이재훈, 이해리 역. 한국심리치료연구소

Michel Jouvet - paradoxical sleep. Myers, David(2004). Psychology (7th ed.). New York: Worth Publishers. p. 268. ISBN0-7167-8595-1. http://books.google.com/ books?id=oYuBwPDsQZoC&lpg=PP1&ots= uCYMJ89RpT&dq=0 716785951&pg=PA268. Retrieved 2010-01-09[3] Myers, David (2004).

Mitchison & Crick; Mitchison, Graeme(1983). "The function of dream sleep". Nature 304 (5922): 111-14. doi:10.1038/304111a0.

Marks et al(1994). Mirmiran et al(1983). Morrissey, Duntley & Anch(2004). McNamara, Patrick; Johnson, Patricia; McLaren, Deirdre; Harris, Erica; Beauharnais, Catherine (2010). 《Rem And Nrem Sleep Mentation》. 《International Review of Neurobiology》 92 (Elsevier Inc). 69-86p. doi:10.1016/s0074-7742(10)92004-7. ISBN 9780123813220. PMID 20870063.

McNamara, Patrick; Johnson, Patricia; McLaren, Deirdre; Harris, Erica; Beauharnais, Catherine (2010). 《Rem And Nrem Sleep Mentation》. 《International Review of Neurobiology》 92 (Elsevier Inc). p. 69-86. doi:10.1016/s0074-7742(10)92004-7. ISBN 9780123813220. PMID 20870063.

OConnell, C.(2010). Why do some people sleepwalk? Irish Times, pp. 7. Retrieved from http://search.proquest.com/docview/309237844.

Psychology(7th ed.). New York: Worth Publishers. p. 268. ISBN 0-7167-8595-1. http://books.google.com/ ?id=oYuBwPDsQZoC&lpg=PP1&dq=0716785951&pg=PA268.Retrieved 2010-01-09.

Sandler, J.(1976). Countertransference and role-responsiveness. International Review of Psychoanalysis, 3, p. 43-47.

Solms, Mark(2000). "Dreaming and REM sleep are controlled by different brain mechanisms" (PDF). 《The Behavioral and Brain Sciences》 (Academic Department of Neurosurgery, St. Bartholomew's and Royal London School of Medicine, Royal London Hospital) 23(6):843-50;discussion904-1121. doi:10.1017/ s0140525x00003988. PMID 11515144.

The Science Behind Dreams and Nightmares, Talk of the Nation(2007). Marshall, Helgadóttir, Mölle & Born(2006). Tucker et al.(2006). Neurobiology of Learning and Memory. 86. p. 241-247. Siegel, Jerome M.. The REM Sleep-Memory Consolidation Hypothesis. http://www.semel.ucla.edu/publication/journal-article/siegel/2001/ rem-sleep-memory-consolidation-hypothesis Archived.

저자소개

신동열 Shin Dong Yeol

신동열 교수는 명지대학교 대학원에서 청소년지도·심리(MA)와 성결대신학대학원에서 기독교 윤리(M.Div)를 전공하였다. 그리고 백석대학교 대학원에서 상담학박사(P.hD)와 건신대학원대학교에서 철학박사 상담심리학을 전공(P.hD)을 하였다. 현재 대한신학대학원대학교 상담심리학 학과장교수로 재임하고 있으며, 상담심리치료학회장과 한국상담학회 교정분과 홍부위원장과, 한국에니어그램학회, 산업진흥원 연구, 학술 위원장을 맡아 학회의 발전을 도모하고 있다. 한국진로코칭연구소에서 인턴과 레지던트 수련을 거쳐, 정신분석전문가로서 상담심리학 전공자들을 교육시키며, 꿈해석, 우울증, 공황장애, 가족치료, ADHD, 미술치료수련감독과 상담 수련실습생들을 지도하고 있다. 또한 상담의 이론과 실제, 집단상담, 비행상담, 성상담의 이론과 실제 등의 도서를 출간하였다. 저자는 정신분석상담심리치료가요 학자로서 온 세상을 밝게 하는 일에 앞장서기 위해 연구에 주력하고 있다.

한철조 Han Cheol Jo

대한신학대학원대학교 석사 상담심리치료학 졸업
대한신학대학원대학교 철학박사 상담심리치료학 전공과정
정신분석을 통한 꿈분석 초급
가족심리상담사1급
한국에니어그램 전문강사
한국에니어그램 전문상담사
現 한국 정신분석 꿈해석 연구소 수석연구원

임재영 Lim Jae Young

한세대학교 음악대학원 석사 음악치료학 졸업
대한신학대학원대학교 철학박사 상담심리치료학 졸업
정신분석을 통한 꿈분석 초. 중급
미국 AMI정회원(GIM Fellow)
대한신학대학원대학교 상담심리치료학과 임상강사 및 상담연구원 교수
現 한국 정신분석 꿈해석 연구소 연구원

권혜진 Kwon Hye Jin

대한신학대학원대학교 석사 상담심리치료학 졸업
대한신학대학원대학교 철학박사 상담심리치료학 전공과정
정신분석을 통한 꿈분석 초.중급
미술재활상담사
심리상담사 1급
인터넷중독상담사 전문강사
한국에니어그램 일반강사
現 한국 정신분석 꿈해석 연구소 연구원

이은영 Lee Eun Young

평택대학교 상담대학원 상담학(독서치료) 석사 졸업
대한신학대학원대학교 철학박사 상담심리치료학 전공과정
정신분석을 통한 꿈분석 초급
한국MBTI연구소 일반강사
한국NLP상담학회 Practitioner
독서심리상담사1급 / 청소년상담사2급 / 임상심리사2급
現 한국 정신분석 꿈해석 연구소 연구원

김준주 Kim Jun Ju

대한신학대학원대학교 석사 상담심리치료학 졸업
대한신학대학원대학교 철학박사 상담심리치료학 전공과정
정신분석을 통한 꿈분석 초급
미술심리상담사 2급
가족심리상담사1급
現 한국 정신분석 꿈해석 연구소 연구원

김경수 Kim Kyoung Soo

대한신학대학원대학교 석사 상담심리치료학 졸업
대한신학대학원대학교 철학박사 상담심리치료학 전공과정
정신분석을 통한 꿈분석 초급
가족심리상담사1급
한국에니어그램 전문강사
現 한국 정신분석 꿈해석 연구소 연구원

정신분석 · 꿈 해석

1단계 꿈 이해

1판 1쇄 인쇄 2024년 2월 22일

저   자 | 신동열 · 한철조 · 임재영 · 권혜진 · 이은영 · 김준주 · 김경수

발 행 인 | 한철조

발 행 처 | 한국정신분석꿈해석연구소

주   소 | 경기도 파주시 경의로 1204 10층 1001호 (와동동, 월드타워 10차)

이 메 일 | counme3@naver.com

출 판 신 고 | 2023년 12월 19일 제 2023-000143 호

I S B N | 979-11-986016-0-5(93180)

정   가 | 14,000원

· 저자와 합의하여 인지를 생략합니다.
· 저적권법 제 136조(권리의 침해죄)에 따라 위반자는 5년 이하의 징역 5천만 원 이하의
  벌금에 처하거나 이를 병과할 수 있습니다.